Lieblingsorte

1 Kirkwall während der Orkney County Show [D7]

In der Hauptstadt Orkneys findet das größte Volksfest der Inseln statt. Auf dem Viehmarkt werden preisgekrönte Bullen versteigert und es gibt Reitvorführungen. Hier feiern die *Orcadians* ausgelassen und Wikinger schwingen ihre Äxte (s. S. 105).

005or-nh

Mit der Tingwall Ferry nach Rousay [D5]

Bei der kurzen Fahrt mit der Fähre von Tingwall nach Rousay kann man tief durchatmen, den weiten Himmel betrachten und die reizvolle Insellandschaft bewundern. Die Fähre hält auch auf der historisch bedeutsamen Insel Egilsay und ihrem kleinen Nachbarn Wyre (s. S. 66).

006or-nh

79 Grobust Bay, Westray [D2]

Wo die türkisblaue Brandung des Atlantiks auf den von Felsen eingerahmten Strand von Grobust trifft, sind unter den Dünen versteckte, 5000 Jahre alte Ruinen zum Vorschein gekommen: die Links of Noltland. Hier wurde die berühmte Orkney Venus gefunden, eine weibliche Statuette aus der Jungsteinzeit (s. S. 83).

059or-nh

47 Churchill Barriers [E8]

Über die Churchill Barriers sind die südlichen Inseln Orkneys untereinander und mit Mainland verbunden. Links und rechts der Landbrücken sind wunderschöne Strände entstanden. Bei einer Fahrt auf der Panoramastraße A691 kann man sie entdecken. Die Gewässer rund um die Landbrücken sind ein beliebtes Tauchgebiet (s. S. 56).

004or-nh

Inhalt

1 Naturschönheit und Geschichte
1 Die Autoren und Fotografen
2 Unsere Lieblingsorte
8 Benutzungshinweise
9 Orkney im Überblick
13 Inselsteckbrief

15 Mainland

16 East Mainland
16 1 Kirkwall (Kirkjuvágr) ★★★ [D7]
16 2 Kirkwall Pier ★★ [S. 144]
17 3 High Street ★★ [S. 144]
17 4 St Magnus Cathedral ★★★ [S. 144]
18 Der heilige Magnus
19 5 Bishop's and Earl's Palaces ★★★ [S. 144]
20 6 Orkney Museum ★★★ [S. 144]
20 7 Scapa Beach ★★ [D7]
21 Hochprozentiges aus Kirkwall
25 8 Dingishowe ★★ [F8]
26 9 Mull Head Nature Reserve ★★★ [F7]
26 10 The Gloup ★★ [F7]
26 11 Brough of Deerness ★★★ [F7]
27 Ausflug zum Leuchtturm Rose Ness

28 West Mainland
28 12 Stromness (Hamnavoe) ★★★ [B7]
28 13 Pier Arts Centre ★★★ [B7]
29 14 Victoria Street ★★ [B7]
29 15 Stromness Museum ★ [B7]
30 16 Ness Battery ★ [B7]
30 George Mackay Brown – der Inselpoet
32 17 Yesnaby ★★★ [A6]
33 18 Skara Brae ★★★ [B6]
34 Orkneys Megalithanlagen: Archäologie im Prozess
35 19 Skaill House ★★ [B6]
35 20 Standing Stones of Stenness ★★★ [C6]
36 21 Barnhouse Settlement ★★ [C6]
36 22 Ring of Brodgar ★★★ [B6]
37 23 Grabungsstätte Ness of Brodgar ★★★ [C6]
37 24 Maeshowe ★★★ [C6]
38 25 Unstan Chambered Cairn ★★ [B7]
39 26 Corrigall Farm Museum ★ [C6]
39 27 Click Mill ★ [C5]
40 28 Kirbuster Farm Museum ★ [B5]

Bewertung der Sehenswürdigkeiten
★★★ nicht verpassen
★★ besonders sehenswert
★ wichtig für speziell interessierte Besucher

Planquadrat im Kartenmaterial
[A1] Orte ohne diese Angabe liegen außerhalb unserer Karten. Ihre Lage kann aber wie die aller Ortsmarken mithilfe der begleitenden Web-App angezeigt werden (s. Anhang).

Updates zum Buch
www.reise-know-how.de/inseltrip/orkney22

FALTPLAN

»Schreiben Sie uns!

Wir hoffen, dass Ihnen dieser Reiseführer gefällt und er Ihnen ein guter Begleiter auf einer außergewöhnlichen und spannenden Reise ist.

Weil ein Reiseführer von Erfahrungen lebt, sind wir an Ihren Erlebnissen interessiert: Haben Sie im Buch ein Restaurant entdeckt, das es nicht mehr gibt, eine Sehenswürdigkeit, die wir noch nicht aufgeführt haben, oder eine falsche Adresse? Dann schreiben Sie uns!

Wir nehmen jeden Hinweis und jede Kritik ernst und arbeiten kontinuierlich daran, die Bücher aktuell zu halten und immer weiter zu verbessern. Auch wenn wir nicht jeden Wunsch erfüllen können, machen wir uns immer Gedanken über Ihre Anmerkungen.

Schreiben Sie an: info@reise-know-how.de oder Reise Know-How Verlag Peter Rump GmbH, Postfach 140666, 33626 Bielefeld

Wenn sich Ihre Infos direkt auf das Buch beziehen, bitten wir um die Angabe der Seitenzahl und der Auflagennummer bzw. des Erscheinungsjahres. Besonders hilfreiche Beiträge belohnen wir mit einem Sprachführer Ihrer Wahl aus unserer „Kauderwelsch"-Reihe.

Herzlichen Dank und gute Reisen
Ihr Reise Know-How Verlag

Diesem Buch wurde hier ein herausnehmbarer Faltplan beigefügt.
Sollte er beim Erwerb des Buches nicht mehr vorhanden sein, fragen Sie bitte bei Ihrem Buchhändler nach.

Liebe Leserin, lieber Leser,

ein unabhängiger Verlag für unabhängig Reisende – das sind wir, der Reise Know-How Verlag aus Bielefeld, eines der letzten Familienunternehmen in der Branche. Obwohl wir zu den größten Reiseführerverlagen Deutschlands gehören, ist der familiäre Umgang miteinander in allen Bereichen des Verlagslebens zu spüren: In der Geschäftsführung in zweiter Generation, in einer wertschätzenden Arbeitsatmosphäre, in der Nähe zu unseren frei arbeitenden Autorinnen und Autoren, im engen Austausch mit unseren Leserinnen und Lesern – und auch in der Zusammenarbeit mit Druckereien in Deutschland, in denen wir ausschließlich und regional unsere Bücher produzieren. Die sollen schließlich erst mit Ihnen auf große Reise gehen.

Alles, was wir in unsere Bücher und Landkarten stecken, soll Ihnen eines ermöglichen: Auf Ihre ganz eigene, individuelle Weise die Welt zu entdecken. Wir wünschen Ihnen viel Freude und unvergessliche Erlebnisse mit diesem Reiseführer.

Es grüßen herzlich
Peter Rump & Wayan Rump

Naturschönheit und Geschichte

Die Orkney-Inseln enthüllen bei jedem Besuch neue Details und versetzen uns immer wieder in Staunen. Die Naturschönheit und landschaftliche Vielseitigkeit ebenso wie die reiche prähistorische Geschichte, die einem auf Schritt und Tritt begegnet, machen den Archipel zu einem einzigartigen Reiseziel in Nordeuropa.

Schon die Anreise steckt voller Überraschungen. Das Wechselspiel im berüchtigten Pentland Firth – jener Meerenge, die die Inseln vom Festland trennt – reicht von spiegelglatt bis stürmisch. Wer am Fährhafen Scrabster bei Thurso ablegt, erspäht wahrscheinlich Orcas mit ihrer charakteristischen schwarz-weißen Musterung. Sie patroullieren an den Küsten Orkneys auf der Suche nach einer Mahlzeit aus Seehunden.

Passiert man die Insel Hoy, deren Berggipfel oft vom Nebel verhangen sind, zeigen sich zerklüftete, mehrere hundert Meter hohe, dunkelrote Felsen, majestätisch und geheimnisvoll. Davor erhebt sich der Old Man of Hoy 41, eine Felsnadel, die die Wellen in Hunderten von Jahren aus dem Stein modelliert haben. Bald biegt das Schiff in die von grünen Hügeln umgebene, friedliche Bucht von Stromness 12 ein, die die Wikinger einst Hamnavoe nannten, was so viel wie „Hafenbucht" bedeutet – ein sicherer Ankerplatz. In das glasklare Sonnenlicht des Nordens getaucht, wird man von dem skandinavisch anmutenden Ort begrüßt, dessen Fassaden sich im Wasser spiegeln.

Die überwältigende Natur mit ihren unterschiedlichen Insellandschaften – gischtumtoste Klippen, sanft geschwungene Hügel, ruhige Binnenseen und weiße Strände vor türkisblauem Wasser – und der Artenreichtum der Tierwelt lassen sich beim Island Hopping mit der Fähre und bei ausgedehnten Wanderungen erkunden. Dabei hält jedes Eiland seine Besonderheiten bereit und schon die Fährfahrt ist jedes Mal ein Erlebnis. Vogelkundler, Geschichts- und Archäologieinteressierte finden auf den Orkney-Inseln ganz besondere Schätze!

Die Autoren und Fotografen

Lilly Nielitz-Hart schreibt und fotografiert als freie Journalistin und Autorin für Tageszeitungen und Verlage. Sie stammt aus dem Rhein-Main-Gebiet und war dort zunächst im Kultur- und Medienbereich tätig. Nach längeren Reisen und Aufenthalten u. a. in Italien und den USA lebte sie viele Jahre in Südengland.

Der Historiker und Archäologe **Simon Hart** stammt aus dem nordenglischen Leeds und lehrte Archäologie für die University of British Columbia. Seine familiären Bande reichen bis nach Orkney und so stehen die Inseln neben Schottland auf der festen Besuchsliste der Autoren. Im Reise Know-How Verlag haben die beiden Autoren Reiseführer u. a. über London und Edinburgh veröffentlicht.

089or-nh

090or-nh

Unsere

001or-nh

⓬ Hafen von Stromness [B7]

Der zweitgrößte Ort Orkneys hat eindeutig die fotogenste Lage: Stromness besticht mit skandinavisch anmutenden Steinhäuschen am Pier, einer schmucken historische Altstadt und im Wasser schaukelnden Fischerbooten am Hafen, während in der Ferne die Berge der Nachbarinsel Hoy aufragen (s. S. 28).

002or-as©Aly - stock.adobe.com

㊷ Rackwick Bay, Hoy [A8]

Eine märchenhafte Kulisse, fast zu schön, um wahr zu sein: In der Bucht von Rackwick auf der Insel Hoy erwartet Besucher ein Felsenmeer aus riesigen Kieseln samt feinem Sandstrand. Nur eine Handvoll Steinhäuser schmiegt sich an die grünen Hügel – dort versammelte sich einst die künstlerische Boheme der Inseln (s. S. 52).

003or-nh

㉞ Broch of Gurness [C5]

Überall auf den Orkney-Inseln ließen sich die Menschen der Vorzeit nah am Wasser nieder. Von dem Broch, einem runden Turmbau aus der Eisenzeit, genießt man einen herrlichen Blick über die Meerenge Eynhallow Sound und auf die Nachbarinsel Rousay (s. S. 43).

008or-nh

Birsay Bay Tearoom

Hier kann man seinen Tee oder Kaffee mit fantastischer Aussicht vor der Naturkulisse der Gezeiteninsel Brough of Birsay ㉝ genießen, die vor der Küste Mainlands im Meer liegt. Die selbst gebackenen, mehrstöckigen Torten sind wahrhaftig ein Gedicht (s. S. 42).

40 ㉙ Marwick Head Kitchener Memorial ★ [B5]
40 ㉚ Barony Mill ★★ [B5]
40 ㉛ Earl's Palace Birsay ★★★ [B5]
41 ㉜ St Magnus Church, Birsay ★ [B5]
41 ㉝ Brough of Birsay ★★★ [B4]
43 ㉞ Broch of Gurness ★★★ [C5]
45 ㉟ Cuween Chambered Cairn ★ [C6]
46 ㊱ Orkneyinga Saga Centre ★★★ [C7]
46 ㊲ Earl's Bu and Church ★★★ [C7]
47 Der Arktisforscher Dr. John Rae
48 ㊳ Waulkmill Bay und Hobbister ★★ [C7]

49 South Isles

50 Hoy, South Walls und Flotta
50 ㊴ Hoy Heritage Centre ★ [B8]
51 ㊵ Dwarfie Stane ★★★ [B8]
51 ㊶ Old Man of Hoy ★★★ [A8]
52 ㊷ Rackwick Bay ★★★ [A8]
52 ㊸ Scapa Flow Visitor Centre and Museum ★★★ [C9]
53 ㊹ Longhope Lifeboat Museum ★★ [B9]
54 ㊺ Martello Tower ★ [C9]
54 ㊻ Cantick Head Lighthouse ★ [C9]

56 Lamb Holm, Glimps Holm und Burray
56 ㊼ Churchill Barriers ★★★ [E8]
57 ㊽ Italian Chapel ★★★ [E8]
58 ㊾ Orkney Fossil and Heritage Centre ★ [E8]

58 South Ronaldsay
59 ㊿ St Margaret's Hope ★★ [D9]
59 51 Smiddy Museum ★ [D9]
60 52 Hoxa Tapestry Gallery ★★★ [D9]
61 53 Liddle Burnt Mound ★ [E10]
61 54 Tomb of the Otters (Banks Chambered Tomb) ★ [E10]

63 North Isles

64 Shapinsay
64 55 Balfour ★★ [E6]
65 56 Balfour Castle ★ [E6]
65 57 Lairo Water und The Ouse ★★ [E6]
66 58 Burroughston Broch ★ [E5]

66 Rousay, Egilsay und Wyre
67 59 Trumland House Gardens ★ [D5]
67 60 Blackhammer Cairn ★★ [D5]
68 „The broch boys" – wer Rousays Schätze zutage förderte
68 61 Knowe of Yarso ★★ [D5]
68 62 Midhowe Chambered Cairn ★★★ [C4]
69 63 Midhowe Broch ★★★ [C4]
70 64 Knowe of Swandro ★★★ [C4]
70 65 St Magnus Church, Egilsay ★★ [E4]
71 66 Cubbie Roo's Castle, Wyre ★ [D5]
72 Die mystische Insel Eynhallow

72 Stronsay
73 67 Stronsay Pop Up Heritage Centre ★ [G4]
73 68 St John's Hill ★ [G4]
73 69 Vat of Kirbister ★★★ [G5]

75 Eday
76 70 Isthmus of Eday ★★ [F4]
76 71 Eday Heritage Centre ★ [F4]
77 72 Carrick House ★★ [F3]

78 Sanday
78 73 Sanday Heritage Centre ★★ [G3]
79 74 Cata Sand und Tresness ★★★ [G3]
79 75 Quoyness Chambered Cairn ★★ [G3]

81 **Westray**
81 76 Westray Heritage Centre ★★ [D2]
82 77 Lady Kirk ★ [D2]
82 78 Noltland Castle ★★ [D2]
83 79 Grobust Bay mit Links of Noltland ★★★ [D2]
84 80 Noup Head ★★★ [D2]
84 81 Quoygrew ★ [D2]

87 **Papa Westray**
87 82 The Kelp Store Heritage and Arts Centre ★★ [E2]
87 83 Knap of Howar ★★★ [E2]
88 84 St Boniface Kirk ★ [E1]
88 85 St Tredwell's Chapel ★★ [E2]

88 **North Ronaldsay**
89 North-Ronaldsay-Schafe
91 86 North Ronaldsay Bird Observatory ★★★ [H1]
91 87 Lighthouse Visitor Centre und Café ★★ [H1]
91 88 Old Beacon ★ [J1]
92 89 Broch of Burrian ★★ [H2]

93 **Orkney aktiv**

94 Baden
94 Wassersport
96 Wandern
97 Unterwegs auf dem St Magnus Way
100 Weitere Aktivitäten

103 **Orkney erleben**

104 Feste und Folklore
106 Kulinarische Entdeckungen
108 Was wo kaufen?
108 Orkney Creative Trail
109 Natur erleben
112 Von den Anfängen bis zur Gegenwart
113 Die Orkneyinga Saga

117 **Praktische Reisetipps**

118 An- und Rückreise
121 Autofahren
121 Barrierefreies Reisen
122 Diplomatische Vertretungen
122 Ein- und Ausreisebestimmungen
122 Elektrizität
122 Geldfragen
123 Orkney preiswert
124 Informationsquellen
125 Internet
125 LGBT+
125 Unsere Literaturtipps
126 Maße und Gewichte
126 Medizinische Versorgung
127 Mit Kindern unterwegs
128 Notfälle
128 Öffnungszeiten
129 Post
129 Sprache
130 Telefonieren
130 Touren
131 Uhrzeit
131 Unterkunft
131 Verhaltenstipps
132 Verkehrsmittel
134 Wetter und Reisezeit

135 **Anhang**

136 Kleine Sprachhilfe
138 Impressum
139 Register
143 Orkney mit PC, Smartphone & Co.
144 Zeichenerklärung
144 Ortsplan Kirkwall

Die Felsnadel Yesnaby Castle (s. S. 33) an der Westküste Mainlands ist so stark erodiert, dass sie nur noch auf zwei Stelzen balanciert (030or-nh)

Benutzungshinweise

Orientierungssystem

Die in den folgenden Kapiteln beschriebenen Attraktionen sind mit einer **fortlaufenden magentafarbenen Nummer** gekennzeichnet, die sich als Ortsmarke im Faltplan oder Detailplan wiederfindet. Steht die Nummer im Fließtext, verweist sie auf die Beschreibung dieser Attraktion.

Die Angabe in **eckigen Klammern** verweist auf das Planquadrat im Faltplan oder auf den Detailplan. Beispiele:

11 Brough of Deerness ★★★ [F7]
6 Orkney Museum ★★★ [S. 144]

Alle weiteren Points of Interest wie Unterkünfte, Restaurants oder Cafés sind mit einer Nummer in **spitzen Klammern** versehen. Anhand dieser eindeutigen Nummer können die Orte in unserer speziell aufbereiteten Web-App unter www.reise-know-how.de/inseltrip/orkney22 lokalisiert werden (s. S. 143). Beispiel:

› **Rackwick Hostel** £ <96>

Beginnen die Points of Interest mit einem **farbigen Quadrat**, so sind sie zusätzlich in den Detailplänen eingezeichnet:

■ **The Albert Hotel** ££ <15>

Der Schmetterling ...

... zeigt an, wo man besonders gut Natur erleben kann oder Angebote im Bereich des nachhaltigen Tourismus findet.

Kinder-Tipps

Das Symbol kennzeichnet Sehenswertes, Unterkünfte und Aktivitäten, an denen auch kleine Urlauber ihre Freude haben.

Preiskategorien

Unterkünfte

Preise für ein DZ mit Frühstück im B & B oder Hotel:

£	bis 80 £
££	80–140 £
£££	ab 140 £

Preise für Ferienwohnungen oder Cottages:

£	bis 400 £ pro Woche
££	400–700 £ pro Woche
£££	ab 700 £ pro Woche

Gastronomie

Preise für ein Hauptgericht ohne Getränk:

£	bis 15 £
££	15–25 £
££££	ab 25 £

Vorwahlen

Im Buch sind Festnetznummern stets mit Ortsvorwahl, aber ohne Ländervorwahl angegeben. Beim Anruf wählt man die Vorwahl des Vereinigten Königreichs 0044, gefolgt von den jeweiligen Ortsvorwahlen ohne die Null. Auf den Orkney-Inseln gelten zwei Vorwahlen:

› **Vorwahl 01856:** für Mainland, die South Isles, Shapinsay, Rousay, Egilsay und Wyre
› **Vorwahl 01857:** für Eday, Sanday, Stronsay, Westray, Papa Westray und North Ronaldsay

Die Standing Stones of Stenness 20 markieren den Eingang zu den Kultanlagen auf der Landzunge Ness of Brodgar

Orkney im Überblick

Die Orkney-Inseln sind ein einzigartiger Archipel, der nur sechzehn Kilometer vor der schottischen Festlandküste **zwischen Nordatlantik und Nordsee** liegt. Bei guter Sicht erscheinen die südlichen Inseln Hoy und South Ronaldsay vom Festland aus ganz nah. Wer jedoch glaubt, er setze dort einfach seine Schottland-Reise fort, der irrt. Mit der Überfahrt über den **Pentland Firth**, die berüchtigte und oft stürmische Meerenge, die die Inseln vom Festland trennt, verlässt man Schottland nicht nur geografisch, sondern auch historisch und kulturell.

Bereits vor 5500 Jahren errichteten die Menschen des **Neolithikum** dort komplexe Steinbauten, Zeichen einer autarken Gesellschaft auf den Inseln, die sich bereits mit anderen Zivilisationen austauschte. Die eindrucksvollen **Megalithanlagen** aus der Zeit von ca. 3600 v. Chr. bis 300 n. Chr. sind so zahlreich, dass die Ausgrabungen bis heute andauern und man den Archäologen vielerorts sogar bei ihrer Arbeit über die Schulter schauen kann (s. S. 34).

Im frühen Mittelalter wurde Orkney zu einer der Hochburgen im nordatlantischen Inselreich der **Wikinger**, die ihnen den Namen **Orkneyjar** („**Seehundinseln**") gaben. Bis Ende des 15. Jh. gehörten die Inseln zu Norwegen. Noch bis ins 19. Jh. hinein wurde auf Orkney **Norn** gesprochen, ein auf das Altnorwegische zurückgehender Dialekt, der der isländischen und färöischen Sprache ähnelt. Heute wird weitgehend **Englisch** gesprochen, aber unter Einheimischen ist auch das *Orcadian Scots* verbreitet, ein Dialekt, der Einflüsse aus der schottischen und norwegischen Sprache vereint.

Orkney lebt von der **Land- und Viehwirtschaft** und produziert viele Erzeugnisse wie Fleisch und Wurst, Milchprodukte oder Backwaren für den eigenen Verbrauch. Zum Landschaftsbild gehören große Schaf- und Rinderherden, die von Mai bis Oktober ausschließlich auf den Weiden leben. Ein weiteres wirtschaftliches Standbein ist die **Krabbenfischerei** und es gibt **Fischfarmen** für Lachs und Austern.

Wer Orkney besucht, befindet sich abseits des Massentourismus. Vieles hier ist ursprünglich und genügsam, aber dadurch auch besonders nachhaltig. Es gibt keine Fastfood-Ketten, Unterkünfte und Restaurants sind in privater Hand, überall werden regionale Produkte verarbeitet. Durch **Wind-, Wellen- und Gezeitenkraft** erzeugen die Inseln 130 % ihres Energiebedarfs selbst und haben sich so in den letzten Jahren zu einem Vorreiter in Sachen Nachhaltigkeit gemausert. In Großbritannien gelten die *green islands,* auf denen unberührte Natur und zukunftsweisende Technologie keine Gegensätze sind, als grünes Vorzeigebeispiel.

010or-nh

014or-nh

Mainland

Die größte Insel des Archipels ist die 40 km lange und bis zu 26 km breite **Hauptinsel** namens Mainland. Sie wird in **West Mainland** und **East Mainland** unterteilt.

Die Grenze zwischen Ost und West bildet die **Hauptstadt des Archipels: Kirkwall** 1. Im dortigen **Hafen** docken die Fähren aus Aberdeen und Kreuzfahrtschiffe an, auch die Fähren zu den nördlichen Inseln haben hier ihren Anleger (s. S. 133).

Mainland besteht aus dreizehn Verwaltungsbezirken *(parishes)* mit großer landschaftlicher Vielfalt. Überall stößt man auf die Relikte einzigartiger historischer Monumente: **Megalithanlagen** aus der Jungsteinzeit, **Brochs** (Rundtürme, s. S. 112) aus der Eisenzeit sowie **Burgen** und Kirchen aus der Epoche der Wikinger, darunter die prächtige **St Magnus Cathedral** 4 in Kirkwall. Obwohl man Mainland in wenigen Stunden umfahren kann, würde man allein für die Erkundung aller historisch bedeutsamen Orte und Sehenswürdigkeiten mehrere Wochen benötigen.

East Mainland ist mit seiner zerklüfteten Küste reich an Naturschönheiten wie dem Mull Head Nature Reserve 9 und dem Strand Dingishowe 8. Den größten Teil des Gebiets nimmt die Gemeinde **Deerness** ein, die die westliche Halbinsel formt. Im Süden East Mainlands liegt **Holm** mit den Klippen von Rose Ness (s. S. 27), im Norden **St Andrews.** In East Mainland befindet sich zudem der **Flughafen** (s. S. 118).

West Mainland ist fast doppelt so groß wie East Mainland. Dort befinden sich viele der wichtigsten Sehenswürdigkeiten. Hier liegt auch der **zweitgrößte Ort** des Archipels, **Stromness** 12, wo die von der schottischen Nordküste kommende Autofähre aus Scrabster anlegt (s. S. 119).

Zu den weiteren **Gemeinden** West Mainlands zählen **Sandwick** mit der Steinzeitsiedlung Skara Brae 18, **Birsay** mit der Gezeiteninsel Brough of Birsay 33, **Evie** mit dem Broch of Gurness 34, **Harray** mit dem Loch of Harray und dem Grabhügel Maeshowe 24, **Stenness** mit dem Loch of Stenness, den Standing Stones of Stenness 20 und dem Ring of Brodgar 22, **Rendall,** wo sich in Tingwall der Fähranleger zur Insel Rousay befindet, **Firth** mit Finstown an der Bay of Firth und **Orphir** mit dem Fähranleger zur Insel Hoy und dem ehemaligen Wikingerpalast Earl's Bu 37.

Vom Hafen in Stromness 12 fahren die Fischerboote auf See

Meerespanorama inklusive: eine Fahrt über die Churchill Barriers 47

South Isles

Südlich von Mainland erstreckt sich die 324,50 m² große, natürliche Bucht **Scapa Flow**, die Schauplatz denkwürdiger Ereignisse während der beiden Weltkriege war (s. S. 115). Als **Südinseln** gelten die Inseln südlich von Mainland, die sich am unteren Rand von Scapa Flow befinden.

Nach Hoy, South Walls, Flotta und Graemsay im Westen verkehrt eine **Fähre von Houton** (s. S. 48). **Hoy** ist von der Landmasse her die zweitgrößte Insel des Archipels und unterscheidet sich von allen anderen Inseln durch seine bergige Landschaft. Der **Ward Hill** ist mit 481 Metern die **höchste Erhebung Orkneys.** Besonders markant sind die dem schottischen Festland zugewandten Seeklippen mit dem Wahrzeichen Old Man of Hoy 41. Das durch einen Damm mit Hoy verbundene **South Walls** ist zumeist flach und bietet einen guten Blick auf die nordschottische Küste. **Flotta** fungierte während der Weltkriege als Flottenstützpunkt der britischen Marine und ist heute Standort des Ölterminals – hier wird das schottische Nordseeöl auf Tanker verfrachtet. Das der Insel Hoy vorgelagerte **Graemsay** mit seinen zwei Leuchttürmen fungierte früher als Wegweiser für Schiffe.

Südlich von East Mainland liegen die Inseln **Lamb Holm, Glimps Holm, Burray** und **South Ronaldsay.** Seit 1945 sind sie durch Dämme, die sogenannten **Churchill Barriers** 47, untereinander und mit Mainland verbunden, sodass man sie ohne Fähre erreichen kann. Die Barriers gehören, ebenso wie die Italian Chapel 48, zu den Hauptsehenswürdigkeiten dieser Region. Nicht zuletzt durch die Landverbindungen eignen sich die Inseln besonders gut für eine Erkundung mit dem Fahrrad.

Der größte Ort auf South Ronaldsay ist St Margaret's Hope 50. Dort legt die **Autofähre von Gills Bay** (s. S. 119) in Nordschottland an. Am Südende der Insel, in Burwick, gibt es einen Anleger für die **Ausflugsfähre von John O'Groats** (s. S. 120). Von South Ronaldsay bietet sich eine reizvolle Aussicht auf Scapa Bay und die Nachbarinseln, ebenso wie auf das schottische Festland.

013or-nh

North Isles

Die **Nordinseln** liegen, wie der Name schon sagt, allesamt nördlich von Mainland. Sie haben einen ganz besonderen Reiz – je weiter man sich von Mainland entfernt, umso mehr begibt man sich in die Einsamkeit zwischen den Meeren. Erreichbar sind die Inseln mit **Fähren** vom Hafen in Kirkwall aus (s. S. 133) oder mit dem **Flugzeug** (s. S. 118). Auf der Fährfahrt hat man gute Chancen, **Wale (Orcas) und Delfine** zu sichten.

Beim **Island Hopping** (s. S. 64) erwartet Besucher ein überraschend vielfältiges Naturerlebnis – von gischtumsprühten Klippen bis zu lieblichen grünen Weiden. Auf den spärlich besiedelten North Isles kann man lange Strandspaziergänge in völliger Einsamkeit unternehmen, abgesehen von Begegnungen mit Seehunden und Seevögeln. Das ganze Jahr über sind **Vogelbeobachter** (s. S. 102) auf der Suche nach seltenen Arten, die hier rasten und brüten.

Auf dem direkt vor Kirkwall liegenden, von Landwirtschaft bestimmten Eiland **Shapinsay** ragt das Balfour Castle 56 auf, das an die Glanzzeiten im 18. und 19. Jh. erinnert. Landschaftlich beeindruckend ist die Klippenküste im Osten.

Rousay, **Egilsay** und **Wyre** heißen die Inseln nördlich der Meerenge Eynhallow Sound. Zusammen weisen sie mehr als 166 archäologische Stätten auf. Sie haben sich ihre Ursprünglichkeit bewahrt und lassen sich gut mit dem Fahrrad erkunden.

Auf der westlich gelegenen Insel **Stronsay** finden Besucher schier endlose Buchten und im Inselinneren Moorland vor. Ganz im Westen lockt der Felsenbogen Vat of Kirbister 69.

Eday, das genau in der Mitte der Nordinseln liegt, ist Schauplatz für Orkneys ehrgeizigstes Projekt: Mithilfe einer Gezeitenturbine wird dort Wasserstoff produziert, der in Zukunft Diesel und Benzin als Treibstoff ersetzen soll. Das stört allerdings nicht die Seehunde, die hier in mehreren Kolonien leben.

Das lang gestreckte, flache **Sanday** weist die wohl größte Anzahl an perfekten, halbrunden Stränden mit weißem Sand vor türkisblauem Wasser auf.

Die Insel Rousay ist nur zehn Kilometer lang und 8,5 Kilometer breit

Inselsteckbrief

- **Lage:** Die Orkney-Inseln liegen rund 16 km von der nordschottischen Küste entfernt zwischen Atlantik und Nordsee. Sie sind durch den Pentland Firth vom Festland getrennt. Der aus 70 Inseln bestehende Archipel erstreckt sich zwischen dem 58. und 59. Breitengrad. Nur 20 Inseln sind bewohnt.
- **Höchste Erhebung:** Ward Hill auf Hoy, 481 m
- **Fläche:** 990 km², davon Mainland 523 km²
- **Einwohner:** 22.400, davon 17.162 auf Mainland. Mit durchschnittlich 20 Einw./km² hat Orkney die niedrigste Bevölkerungsdichte aller Verwaltungsbezirke Schottlands. 59,8 % der Einwohner sind 16–64 Jahre alt, 50,2 % sind Frauen, 49,8 % Männer.
- **Hauptstadt:** Kirkwall 1, East Mainland, 9300 Einwohner
- **Politik und Verwaltung:** Die Orkney-Inseln sind eine eigenständige **Lord-Lieutenancy** im Vereinigten Königreich, d. h. die Queen wird durch einen Generalgouverneur vertreten. Die Inseln werden verwaltet vom **Orkney Islands Council** mit zwanzig gewählten Delegierten. Zu den Ratsmitgliedern gehören 18 parteilose Unabhängige, zwei Angehörige der Orkney Manifesto Group und ein Abgeordneter der Scottish Green Party.
- **Wirtschaft und Tourismus:** Die wichtigsten Arbeitgeber der Inseln sind der öffentliche Sektor (Verwaltung/Öffentlicher Dienst etc.) und die Land- und Viehwirtschaft. Der Tourismus inklusive der Kreuzfahrtindustrie spielt die drittgrößte Rolle. Weitere Einnahmequellen sind die Krabben- und Hummerfischerei, der Wachstumsmarkt der erneuerbaren Energien wie Wind- und Gezeitenkraft oder Wasserstoffproduktion und die Marinewirtschaft. Rund um Orkney befinden sich 13 der insgesamt 19 Wellen- und Gezeitenkraftwerke des Vereinigten Königreichs.

Große Teile der Orkney-Inseln sind von Land- und Viehwirtschaft geprägt

076or-nh

Den nordwestlichen Außenposten Orkneys bilden **Westray** und **Papa Westray** mit etlichen historischen Sehenswürdigkeiten, einsamen Stränden, Vogelschutzgebieten und dem ansprechenden Hauptort Pierowall.

Die entlegenste Position nimmt die nordöstliche Insel **North Ronaldsay** ein, auf der die Anzahl der berühmten North-Ronaldsay-Schafe (s. S. 89) die Zahl der Einwohner bei Weitem übersteigt. Von hier aus ist es nicht mehr weit bis zu den Shetland-Inseln und sogar Norwegen scheint nicht mehr fern.

Wie erkundet man die Inseln am besten?

Wer mit dem **Flugzeug** (s. S. 118) anreist, muss in Schottland umsteigen. Von Edinburgh, Glasgow, Inverness und Aberdeen gibt es Anschlussflüge in die Hauptstadt Kirkwall.

Von Aberdeen und der nordschottischen Küste verkehren **Fähren** (s. S. 118) nach Orkney. Auch **Kreuzfahrtschiffe** (s. S. 120) haben die Inselgruppe im Programm. Wer mit Auto und Fähre anreist, muss sich zwar auf eine längere Anreise einstellen, hat allerdings den Vorteil, dass er auf den Eilanden fast alle Ziele erreichen kann.

Auf die meisten Inseln gelangt man entweder per **Fähre** oder per **Flugzeug** im Rahmen des **Orkney Inter-Island Service** (s. S. 118). Eine Landverbindung besteht nur nach South Ronaldsay. Auf Mainland und zu den über die Churchill Barriers angebundenen Südinseln verkehren **Busse** (s. S. 132). Die entlegeneren Eilande bieten sporadischen oder gar keinen Busverkehr, meist nur vom und zum Fähranleger.

Mainland und die meisten Inseln eignen sich gut zum **Radfahren** (s. S. 101). Auf den Fähren kann man sein Fahrrad kostenfrei mitführen. **Wanderer**, die zu Fuß unterwegs sind, sollten die Weiterfahrt zur ausgewählten Destination vorher genau planen, um nicht am Fähranleger zu stranden. Auf einigen Inseln wird ein **Taxiservice** angeboten, den man auch für eine geführte Tour nutzen kann (siehe „Infos und Reisetipps" bei den jeweiligen Inseln). Wahlweise kann man zudem bei **Touranbietern** auf Mainland eine Tagestour zu ausgewählten Inseln buchen (s. S. 130).

Die NorthLink-Fähre „Hamnavoe" bei der Einfahrt nach Stromness 12

015or-nh

MAINLAND

017or-nh

East Mainland

1 Kirkwall (Kirkjuvágr) ★★★ [D7]

Der Dreh- und Angelpunkt des Insellebens ist Orkneys Hauptstadt Kirkwall. Eine echte Großstadt darf man bei nur rund 9300 Einwohnern zwar nicht erwarten. Wenn man jedoch bedenkt, dass auf den Inseln insgesamt nur etwa 22.000 Menschen leben und davon achtzig Prozent auf Mainland, rückt dies die Bedeutung der Stadt in ein anderes Licht.

Kirkwall liegt in der Gemeinde **St Ola**, die sich an der imaginären Trennlinie zwischen West und East Mainland über eine Landenge zwischen Kirkwall Bay und Scapa Bay erstreckt. Hier befinden sich der **Flughafen** (s. S. 118), das einzige **Krankenhaus** (s. S. 127), ein Kino und ein Freizeitzentrum mit Kino sowie Schwimmbad (s. S. 20). Kirkwall besitzt die größte Auswahl an **Geschäften und Restaurants** sowie ein nennenswertes **Nachtleben** (s. S. 24). Die großen Volksfeste **Orkney County Show** und **The Ba'** (s. S. 105 u. S. 106) finden hier statt.

◁ *Vorseite: Auf der Gezeiteninsel Brough of Birsay (33) trotzt ein Leuchtturm den Winden*

Vor dem 11. Jh. bestand Kirkwall nur aus einem Fischerdorf rund um den ehemaligen Hafen, der heutigen **Peedie Sea**, einem Gewässer südlich der Hafenstraße. Lediglich eine dem **hl. Olaf**, dem Schutzheiligen von Bergen, gewidmete Kirche war ein Anlaufpunkt, daher nannten die Norweger den Ort **Kirkjuvágr** („Kirchenbucht"). Erst mit dem Bau der **St Magnus Cathedral** (4) 1137 begann der Ort zu wachsen. Als die Gebeine des hl. Magnus (s. S. 18) in die Kathedrale verlegt wurden, gewann Kirkwall als **Pilgerzentrum** an Bedeutung. Der Großteil der heutigen Stadt entstand jedoch erst im 20. Jh.

2 Kirkwall Pier ★★ [S. 144]

Der Bereich südlich der Kirkwall Bay entstand durch Landgewinnung ab dem 12. Jh. Heute gehört die **Hafenpromenade** zu den geschäftigsten Straßen Orkneys, schon allein wegen des Verkehrs von und zu den **Inselfähren**, die regelmäßig zu den North Isles aufbrechen.

Nach Norden fällt der Blick auf die vorgelagerte Insel **Shapinsay**. Südlich schließen sich **historische Häuserfassaden** an, darunter das viktorianische **Kirkwall Hotel** (s. S. 22). Zentral am Pier befindet sich das Buchungsbüro von **Orkney Ferries** (s. S. 133), wo man Auskünfte zu den Routen erhält und direkt buchen kann. Die Fäh-

018or-nh

re von und nach Aberdeen sowie die Kreuzfahrtschiffe docken übrigens am auf der Westseite der Bucht gelegenen **Hatston Pier** (s. S. 120) an.

3 High Street ★★ [S. 144]

Die **Hauptstraße** Kirkwalls zieht sich vom Pier 2 nach Süden quer durch das Stadtzentrum. Sie beginnt beim Kirkwall Hotel als **Bridge Street**, heißt im weiteren Verlauf **Albert Street** und schließlich **Victoria Street**. Die schmale Straße ohne Bürgersteig ist leider keine durchgängige Fußgängerzone, sodass man immer wieder von Autos überholt wird.

Wo die Straße in einer Kurve nach Westen verläuft, steht das alte **Parlamentsgebäude** – eine Plakette weist darauf hin. Hier tagte einst das norwegische **Thing**, wo der König im Beisein seiner freien Mannen Gericht hielt. 1540 nutzten James V. und das schottische Parlament das Gebäude als Versammlungsstätte.

In den historischen Häuschen entlang der Straße befinden sich **Geschäfte** des täglichen Bedarfs, Boutiquen und Souvenirläden. Auf Höhe der **St.-Magnus-Kathedrale** 4 öffnet sich die Straße zur breiteren **Broad Street**, bevor sie sich beim **Orkney Museum** 6 wieder verengt und nun als Victoria Street weiter nach Süden verläuft.

4 St Magnus Cathedral ★★★ [S. 144]

Die Kathedrale ist dem Märtyrer **Magnús Erlendsson** geweiht, dem **Schutzheiligen der Orkney-Inseln**

019or-nh

(s. S. 18). Sie zählt sie zu den massivsten und beeindruckendsten Bauwerken Orkneys. Das Gotteshaus wurde aus rotem Kirkwall-Sandstein und gelbem Sandstein von der Insel Eday errichtet. Am Bau, der im Jahr 1137 begann, waren erfahrene Steinmetze aus dem ganzen Königreich beteiligt, die Fertigstellung zog sich über viele Jahre hin.

Im **Inneren** gibt es viel zu bestaunen: romanische und gotische Elemente, Verzierungen und Kreuzgewölbe, Holzstatuen von Rögnvald – der den Bau der Kathedrale initiierte – und dem hl. Olaf sowie Buntglasfenster mit Darstellungen der Lebensgeschichte des hl. Magnus. Zu den **Grabstätten** gehören die des Arktisforschers John Rae (s. S. 47), eine Poetenecke mit den Gräbern George Mackay Browns und Edward Muirs (s. S. 30) sowie eine Gedenkstätte für die Opfer der versenkten HMS Royal Oak (s. S. 56).

Seit der Reformation gehört die Kirche zur protestantischen **Church of Scotland** und ist daher eigentlich keine Kathedrale mehr. 1468 vermachte James III. das Gebäude den Bür-

⌃ Auf Kirkwalls High Street kann man interessante Geschäfte entdecken

< Blick auf Kirkwall mit seiner markanten Kathedrale

Der heilige Magnus

Durch seine Großmutter war **Magnús Erlendsson** mit den norwegischen Königen Olav II. und Harald II. verwandt. Er gilt daher auch den Norwegern als Heiliger. Die St Magnus Cathedral 4 wird in der Orkneyinga Saga (s. S. 113) erwähnt, in der u. a. die Geschichte des hl. Magnus erzählt wird.

Aufgrund von Uneinigkeit zwischen der Erlendsson-Familie und dem norwegischen König Magnus Barfuß (1073–1103) wurde die Herrschaft über Orkney zwischen Magnús Erlendsson und seinem Cousin Håkon Paulsson aufgeteilt. Sie regierten die Inseln wahrscheinlich von 1106 bis 1114 zusammen, aber es kam zu Streitigkeiten, nicht zuletzt aufgrund von Magnus' Frömmigkeit – er habe sich lieber zurückgezogen und gebetet, als sich an Raubzügen zu beteiligen.

0220r-nh

Als sich die Gefolgsleute der beiden zerstritten, einigte man sich auf ein Friedenstreffen auf der Insel Egilsay, das vermutlich im Jahr 1115 oder 1116 stattfand. Hier überrumpelte Håkon seinen Cousin: Er kam mit acht Schiffen und richtete ein Gemetzel an. Dabei spaltete einer seiner Gefolgsleute den Kopf von Magnus, der sich in die dortige Kirche geflüchtet hatte, mit einer Axt. Zunächst wurde Magnus auf Egilsay beerdigt. Danach kam es immer häufiger zu Berichten über Wundertaten, die den Gebeinen von Magnus zugesprochen wurden.

1136 wurde Magnus vom Bischof William the Old heiliggesprochen. Auf Egilsay wurde eine neue St-Magnus-Kirche gebaut, währenddessen verlegte man die Gebeine nach Birsay. Magnus' Neffe **Rögnvald Kali Kolsson** (1103–1158) unterstützte den Heiligenkult um seinen Onkel und begann ein Jahr später, im Jahr 1137, mit dem Bau der Kathedrale in Kirkwall 1. Der Ort wurde gleichzeitig zum neuen Regierungszentrum.

Die Gebeine von Magnus wurden anschließend von Birsay nach Kirkwall gebracht, das damit zu einer Pilgerstätte wurde. 1919 wurden die Relikte in einer zugemauerten Säule neben dem Altar wiederentdeckt, wo sie bis heute aufbewahrt werden. Auch Rögnvald ist in der Kathedrale beerdigt.

< *In der Kathedrale 4 von Kirkwall ruhen die Gebeide des hl. Magnus*

gern von Kirkwall, daher wird die Kirche zwar von der presbyterianischen Gemeinde genutzt, ist aber nicht in ihrem Besitz. So finden hier auch nicht-religiöse Veranstaltungen wie **Musikfestivals** statt.

› Broad Street, KW151NX, Tel. 01856 874894, www.orkney.gov.uk/Service-Directory/S/st-magnus-cathedral_2.htm, Mo–Do 10–13, 14–17 Uhr, Eintritt frei, Spenden willkommen

5 Bishop's and Earl's Palaces ★★★ [S. 144]

Der **Bischofspalast** steht gegenüber der Kathedrale 4 und zeichnet sich durch seinen fünfstöckigen **Rundturm** aus, den **Moosie Tower**. Obwohl das Dach fehlt, ist die Steintreppe in die oberen Stockwerke erhalten geblieben, wo man die **beste Aussicht** über die Stadt genießt.

Als die Kathedrale im 12. Jh. erbaut wurde, entstand auch diese Residenz für Bischof **William the Old**. Wahrscheinlich ähnelte der Palast der Königshalle von König **Håkon IV.** in Bergen mit einem Untergeschoss aus Stein und Holzaufbauten im ersten Stock. Håkon selbst fand hier auf dem Rückweg von der verlorenen Schlacht von Largs Unterschlupf, verstarb jedoch zwei Monate später an seinen dort erlittenen Verletzungen.

Unter Bischof **Robert Reid** (1541–1558) wurde der Palast in eine elegante Renaissance-Residenz mit Rundturm umgebaut.

Nach dem Tod von Reid verwirklichte der damalige Earl of Orkney, **Patrick Stewart** (s. S. 114), ehrgeizige Pläne und ließ auf dem Nachbargrundstück des Palastes bis 1607 den **Earl's Palace** im Renaissancestil errichten. Da er nicht ausreichend finanzielle Mittel besaß, wurden die Arbeiter zwangsverpflichtet, auch das Baumaterial soll der Earl nie bezahlt haben. Der Palast wurde prunkvoll ausgestattet: Er besaß eine Halle mit riesigem Kamin, einer ebenso großen Küche für Festbankette und Privaträume in den oberen Stockwerken. Heute ist der Palast eine **Ruine**, aber selbst als solche strahlt er noch Eleganz aus.

Der Bischofspalast war damals nicht wie heute durch eine Straße abgetrennt, sondern man gelangte durch einen **Torbogen** auf das Gelände. Schon hundert Jahre nach dem Bau verfiel das Gebäude, da die Nacherben nicht die Mittel besaßen, ihn instandzuhalten.

› Palace Road, Watergate KW151PD, Tel. 01856 871918, www.historicenvironment.scot/visit-a-place/places/bishop-s-and-earl-s-palaces-kirkwall, April–Sept. So–Do 9.30–17.30, Sa 10–17 Uhr, Erw. 7 £, Kinder 4 £

021or-nh

Der Moosie Tower des Bischofspalastes verspricht eine tolle Aussicht

⑥ Orkney Museum ★★★ [S. 144]

Das kleine **historische Museum** birgt einen großen Wissensschatz. Neben einem Überblick über die Lebensumstände in früheren Zeiten findet man hier viele Ausstellungsstücke, welche die Geschichte der Inseln anschaulich darstellen. Ein „Hoodie" aus Schafswolle aus dem 3.–7. Jh. zeigt etwa, wie fachkundig die Menschen in jener Zeit Textilien webten. Anhand von Spielbrettern aus piktischer Zeit und Schmuck verschiedener Herkunft wird deutlich, dass das Leben nicht nur aus Arbeit bestand und dass es Handelsbeziehungen außerhalb der Inseln gab.

Das Museum ist im historischen **Tankerness House** untergebracht, dem einstigen Pfarrhaus aus dem Jahr 1574. Auch der **Garten** mit dem **Groatie House** ist sehenswert: Es wurde angeblich aus den Überresten des Piratenschiffs von John Gow (s. S. 77) errichtet.

› Tankerness House, Broad Street, KW151DH, Tel. 01856 873535, www.orkney.gov.uk/Service-Directory/S/orkney-museum.htm, Mo–Sa 10.30–12.30, 13.30–17 Uhr, Eintritt frei, Spenden willkommen

⑦ Scapa Beach ★★ [D7]

Dass Kirkwall an einer schmalen Landenge liegt, wird beim kurzen Weg (ca. 10 Min. mit dem Auto) zum vier Kilometer entfernten **Stadtstrand** Scapa Beach südlich des Stadtzentrums deutlich. Ein feiner, geschützter Sandstrand mit ruhigem Wasser lädt hier zum Baden oder Verweilen ein.

Wer von der Bucht in die Ferne blickt, entdeckt die **grüne Boje**, welche die Position des Wracks der **HMS Royal Oak** (s. S. 56) markiert, die 1939 bei einem deutschen U-Boot-Angriff versenkt wurde.

› **Anfahrt per Fahrrad:** Man folgt der A960 von der Kathedrale und ab der Union Street westlich der Old Scapa Road (A964), die auf die B9053 und zum Strand führt.

Infos und Reisetipps

- **Kirkwall iCentre** <4> The Travel Centre, West Castle Street, KW151GU, Tel. 01856 872856, www.visitscotland.com/info/services/kirkwall-icentre-p333251, Mo–Sa 9–17 Uhr. Bei der einzigen offiziellen Touristeninformation Orkneys bekommt man Hilfe bei Buchungen, Karten und eine Auswahl an Broschüren.
- › **Orkney Ferries Booking Office** (s. S. 133)
- › **Bus:** Kirkwall Busbahnhof (s. S. 132)
- **Cycle Orkney** <5> Tankerness Lane, KW151AQ, Tel. 01856 875777, www.cycleorkney.com. Fahrradverleih. Gute Auswahl an Kinderrädern und E-Bikes.
- **The Pickaquoy Centre** <6> Muddisdale Road, KW151LR, Tel. 01856 879900, www.pickaquoy.co.uk, Mo–Sa 6.30–22, So 8.45–20 Uhr. Nicht weit vom Stadtkern entfernt, ist das Freizeitzentrum ein beliebter Treffpunkt der Bewohner Kirkwalls. Es beherbergt ein Schwimmbad mit Schwimmer- und Kinderbecken, ein Fitnesscenter, ein Kino sowie ein Café-Restaurant und dient gleichzeitig als Theater und Konzerthalle.

Unterkunft

- **Broad Street Gardens Apartments** £-££ <7> Off Junction Road, KW151GY, Tel. 07702366933, www.kirkwallapartments.co.uk/broad-street-gardens. Die modernen, behaglichen Ferienwohnungen sind Teil eines hotelähnlichen Gebäudes mit zentraler Lage in Kirkwall,

Die Scapa Distillery ist malerisch am Scapa Beach gelegen

Hochprozentiges aus Kirkwall

In und um Kirkwall 1 gibt es drei Destillerien, die Spirituosen brennen und mit kreativem Marketing an den Mann bringen.

Bereits ab 1789 wurde vom Gründer der **Highland Park Distillery,** Markus Eunson, in Kirkwall Whisky gebrannt – damals jedoch noch illegal. Erst 1826 erhielt Highland Park seine offizielle Lizenz. Es handelt sich um die nördlichste Whisky-Brennerei der Welt. Hier werden feine Single Malts hergestellt, die von dem Torf aus den hiesigen Mooren ein dezent rauchiges Aroma und von der Reifung in Sherryfässern auch fruchtige Noten erhalten. Nordisch inspiriert sind die Sorten „Viking Legends" mit den Namen Thor, Freya und Loki. Im Rahmen geführter Touren erfährt man alles über die Verarbeitungsprozesse und darf natürlich auch probieren.

Am Westende der Scapa Bay steht die **Scapa Distillery.** Sie geht auf das Jahr 1885 zurück und hier wird noch weitgehend per Hand gearbeitet. Die Whisky-Marke „Orcadian" reift in Bourbon- und Sherryfässern heran und hat ein weiches Aroma mit Honignoten.

The Orkney Distillery hat sich dem Gin verschrieben. Die Marke „Kirkjuvágr" ist in verschiedenen Geschmacksrichtungen zu haben, aromatisiert durch heimische Früchte und Kräuter wie Engelwurz, Boretsch und Pimpinelle oder die hiesige Gerste („bere"). Bei einer der Touren darf man seine eigene Geschmacksnote kreieren und abgefüllt mitnehmen.

› **Highland Park Visitor Centre** <1> Holm Road, KW151SU, Tel. 01856 885604, www.highlandparkwhisky.com/en/distillery, Di–Sa 10–17 Uhr, Touren (ab 18 Jahren) 30–100 £/Person. Der Preis variiert je nach Anzahl und Sorte der probierten Whiskys.

› **Scapa Distillery** <2> St Ola, KW151SE, Tel. 01856 873269, www.scapawhisky.com, Shop Mo–Fr 10–12, 14–17 Uhr, Touren (ab 18 Jahren) Mo–Fr 13–13.50 Uhr, 25 £/Person. Bei den Touren wird Whisky aus der fünfzehnjährigen Reserve probiert.

■ **The Orkney Distillery & Visitor Centre** <3> Ayre Road, KW151QX, Tel. 01856 875338, www.orkneydistilling.com, Standardtouren (auch alkoholfrei bzw. für Kinder) Mi–Sa ab 14 Uhr, 8–15 £/Person, The Kirkjuvágr Gin Making Experience Di–So 12–17 Uhr, Erw. 125 £ inkl. Flasche

023or-nh

gegenüber der Kathedrale. Zur Wahl stehen Standard- und Luxuswohnungen sowie ein Ferienhaus.

- **Crantit House** ££ <8> St Ola, KW151RZ, ca. 2 km südlich des Stadtzentrums, Tel. 07711610017, https://crantit.co.uk. Die Apartments befinden sich in einem Anbau zum historischen Gebäude aus dem Jahr 1850 in schöner Landschaft mit Garten und Ausblick.
- **Fara B&B** ££ <9> 10 Soulisqouy Place, KW151TJ, Tel. 07767410449, http://fara-bed-and-breakfast-suite.in-scotland.com. Die Ferienwohnung befindet sich in einer ruhigen Wohngegend in einem Bungalow mit Zugang zum Garten.
- **High Park Lodges** ££, Tel. 01856 873541, www.highparkorkney.com. Zur Wahl stehen mehrere zentral auf der Victoria Street gelegene, kleinere Ferienwohnungen mit guter Ausstattung.
- **Hildeval B&B** ££ <10> Easthill, KW151LY, Tel. 01856 878840, www.hildeval-orkney.co.uk. Zeitgemäßes Bed and Breakfast östlich vom Stadtzentrum mit sehr leckerem Frühstück.
- **Kingston Self Catering** ££-£££ <11> 12 Victoria Road, KW151DZ, Tel. 01856 876789, www.accommodation-in-orkney.com. Ferienunterkünfte im Stadtkern mit gehobenem Standard, Auch Cottages mit Garten.
- **Kirkwall Bay Touring Park** £ <12> Carness Farm, Carness Road, KW151UE, Tel. 07526345888, https://kirkwallbay.co.uk, Mai–Okt. Nordöstlich von Kirkwall in Tankerness liegt dieser einfache, aber gepflegte Campingplatz direkt am Meer und bietet eine wundervolle Aussicht auf die Bucht.
- **Kirkwall Youth Hostel** £ <13> Old Scapa Road, KW151BB, Tel. 01856 872243, www.hostellingscotland.org.uk/hostels/kirkwall, April–Sept. In dieses gut ausgestattete Hostel darf man sogar den Hund mitbringen. Tee und Kaffee sind in der Gemeinschaftsküche umsonst, Frühstück kann dazugebucht werden. Ins Stadtzentrum sind es ca. 15 Min. zu Fuß.
- **Orkney Caravan Park** £ <14> Peerie Sea Loan, KW151UH, Tel. 01856 879900, https://orkneycaravanpark.co.uk, März–Okt. Direkt hinter dem Pickaquoy Centre gelegener, gepflegter Campingplatz. Schwimmbad, Supermärkte und Stadtzentrum sind fußläufig erreichbar. Auch kleine Campinghütten (Pods) mietbar.
- **The Albert Hotel** ££ <15> Mounthoolie Lane, KW151JZ, Tel. 01856 876000, www.alberthotel.co.uk, Restaurant tägl. 11–14.30, 16.30–20 Uhr. Zentral gelegenes, modernes Boutiquehotel mit Restaurant und der gemütlichen Boothy Bar (s. S. 25).
- **The Ayre Hotel** ££-£££ <16> Ayre Road, KW151QX, Tel. 01856 873001, www.ayrehotel.co.uk, Restaurant tägl. 12–14, 18–21 Uhr. In diesem Hotel direkt am Hafen gibt es Zimmer, aber auch Ferienwohnungen mit gutem Standard.
- **The Kirkwall Hotel** £££ <17> Harbour Street, KW151LE, Tel. 01856 872232, www.kirkwallhotel.com, Harbour View Restaurant: Brunch Sa/So 11–14, Lunch Fr–So 12–14, Dinner tägl. 18–21 Uhr. Das markanteste viktorianische Gebäude an der Hafenpromenade beherbergt ein exquisites Hotel mit 37 Zimmern, feinem Restaurant, der Highland Park Bar und der Skippers Bar (s. S. 25).
- **The Shore Hotel** ££ <18> Shore Street, KW151LG, Tel. 01856 872200, www.theshore.co.uk. Das Hotel gehört offiziell zum Kirkwall Hotel, bietet aber preiswertere Zimmer.

Essen und Trinken

Wer abends gediegen essen gehen möchte, sollte die Restaurants der großen Hotels aufsuchen. Tagsüber findet man sättigende Gerichte auch in den Cafés oder bei Take-Away-Imbissen.

- **Argo's Bakery (1)** <19> Albert Street, KW151HQ, Tel. 01856 871201, www.argosbakery.co.uk. Den ganzen Tag eine gute Anlaufadresse bei Hunger: Es gibt schmackhafte Backwaren und warme Snacks wie Eier und Speck im Brötchen, *pasties* (gefüllte Teigtaschen), Burger sowie Suppen.
- › **Café im Pickaquoy Centre** (s. S. 20). Das beliebte Café im Freizeitzentrum bietet warme Mahlzeiten, Kuchen und Kaffeespezialitäten an.
- **Café Lolz** <20> Strynd, KW151HG, Tel. 01856 877714, www.cafelolz.co.uk, Di–Sa 10–15 Uhr. Leicht zu übersehen ist dieses Café in einer Seitengasse der Hauptstraße. Hier gibt es köstliche Kuchen und Sandwiches.
- **Harbour Fry** <21> 3 Bridge Street, KW151HR, Tel. 01856 873170, Facebook: HarbourFry, Mo 16.30–20, Di/Mi 12–14, 16.30–20, Do–Sa 12–14, 16.40–21, So 16.30–21 Uhr. Hier gibt es nicht nur Fish and Chips, sondern auch *pies* (süß oder herzhaft gefüllte Pasteten) und *pasties*, ebenso wie Ofenkartoffeln mit Beilagen.
- **Hotelbar des St Ola Hotel** <22> Harbour Street, KW151LE, Tel. 01856 875090, www.stolahotel.co.uk, So–Do 12–22, Fr/Sa bis 23 Uhr. In der Hotelbar werden preiswerte britische und schottische Favoriten von Burgern bis zu Fish and Chips aufgetischt. Wer möchte, kann hier auch gleich ein Zimmer buchen.
- **Lucano** <23> 31–33 Victoria Street, KW151DN, Tel. 01856 875687, www.lucanokirkwall.co.uk, tägl. 16–21 Uhr. Italienische Pizzabäckerei mit den Klassikern von Pizza bis Pasta.
- **The Bay Takeaway** <24> 2 Bridge Street, KW151HR, Tel. 01856 878896, https://thebayscot.com, tägl. 12–23.30 Uhr. Hier gibt es von Indien inspirierte Küche wie frittierte Samosas und Bhajis (Zwiebelringe), aber auch Tandoori-Gerichte und eine große vegetarische Auswahl. Alternativ stehen Pizza und Burger auf der Karte.
- **The Daily Scoop** <25> 42 Broad Street, KW151DG, Tel. 01856 877811, Facebook: thedailyscooporkney, tägl. 10–17 Uhr. Eigentlich ein Eiscafé, werden hier aber auch Kaffeespezialitäten, Kuchen und kleine warme Mahlzeiten serviert. Mit Außenterrasse.
- **Trenabies** <26> 16 Albert Street, KW151HP, Tel. 01856 874336, Facebook: Trenabiescafe, Mo–Sa 8.30–16.30 Uhr. Sandwiches, Omeletts oder Muffins und Kuchen gibt es in diesem gut besuchten Café, dazu Starbucks-Kaffee.

Einkaufen

- **Aurora Jewellery** <27> 69 Albert Street, KW151HQ, www.aurora-jewellery.com, Mo–Sa 9.30–17.15 Uhr. Schmuck in Form von Armreifen, Ohrringen und Ketten, häufig mit Runenmotiven.
- **Donaldson's of Orkney** <28> 38 Albert Street, KW151HQ, https://donaldsonsoforkney.co.uk, Mo–Sa 8.30–17 Uhr. Die Fleisch- und Wurstspezialitäten aus der hiesigen Metzgerei sind überall auf den Orkney-Inseln beliebt.
- › **Fraser Anderson** <29> Dellove, New Scapa Road, KW151BL, www.orkneyhandcraftedfurniture.co.uk. Hier werden die traditionellen Orkney Chairs hergestellt, deren Rückenlehne aus dichter Flechtware in zugigen alten Häusern vor Wind schützte. Besuch des Ateliers nach Voranmeldung.
- **Judith Glue** ✿ <30> 25 Broad Street, KW151DH, www.judithglue.com, Mo–Sa 9–17.20, So 11–16 Uhr. Schöne Strickwaren und Kunsthandwerk aus Orkney, aber auch andere Marken. So gibt es auch die farbenfroh gemusterten Pullis und Schals der nachhaltig produzierten schottischen Marke Eribé Knitwear.
- **Lidl** <31> Pickaquoy Road, KW151RP, Mo–Sa 8–22, So 8–21 Uhr, größere Filiale des Discounters

MEIN TIPP

The Kirk Gallery & Café in Tankerness

Eine Rundfahrt über die **Halbinsel Tankerness** unweit von Kirkwall **1** lässt sich wunderbar mit einem Besuch bei **Sheila Fleet** verbinden. Hier wurde eine alte Dorfkirche schön restauriert und zu einer lichtdurchfluteten, schicken Schmuckgalerie umgebaut. Im angeschlossenen **Café** sitzt man auf alten Kirchenbänken, das restliche Mobiliar ist teilweise dekoriert mit Malereien hiesiger Künstler. Wer es nicht nach Tankerness schafft, findet eine Auswahl an Schmuck auch im Sheila Fleet Shop in Kirkwall auf der Albert Street.

› **The Kirk Gallery & Café** <40> Sheila Fleet Jewellery, Tankerness, KW172QT, Tel. 01856 86175, https://sheilafleet.com/pages/the-kirk-gallery-cafe-orkney, tägl. Mo–Sa 10–17, So 11–17 Uhr

The Kirk Gallery & Café: ausgefallenes Schmuckdesign in außergewöhnlichem Ambiente

026or-nh

- **Orkney Tweed** <32> 23 Victoria Street, www.orkneytweed.co.uk, Di–Sa 10–16 Uhr. Hier bekommt man Tweed-Produkte vom Hut bis zum Teddy, die aus der Wolle der Zwartbles-Schafe gewebt wurden.
- **Tesco Superstore** <33> Pickaquoy Road, KW151RP, Mo–Sa 7–23, So 9–22 Uhr, großer Supermarkt der Kette
- **The Brig Larder** <34> George Stout, 1 Albert Street, KW151HP, www.jollysoforkney.co.uk, Mo–Fr 8.30–17.30, Sa 9–17 Uhr. Hier gibt es die leckersten Produkte „made in Orkney" zu kaufen – von Orkney Cheddar mit Highland Park Whisky und Käse von der Grimbister Farm über Eiscreme und *fudge* (Weichkaramell) bis zum Keks aus *beremeal* (lokaler Gerste). Am besten kauft man gleich einen Geschenkkorb *(hamper)* als Souvenir.
- **The Longship** <35> 7–15 Broad Street, KW151DH, www.thelongship.co.uk, Mi–Sa 10–17, Di bis 16 Uhr. Liebevolle, handgemachte Souvenirs von der Schokolade bis zu ausgefallenen Dekoartikeln für das Haus sowie ausgesuchte Kleidungsstücke.
- **The Orcadian Bookshop** <36> 50 Albert Street, KW151HQ, auf Facebook, Mo–Fr 9–17, Sa ab 10 Uhr. Im Shop der Wochenzeitung The Orcadian gibt es auch Souvenirs, Karten und viele Bücher über Orkney, die interessante Themen und ausgesuchte Orte im Detail behandeln.

Nachtleben

Überall auf den Orkney-Inseln dienen die Bars der größeren Hotels gleichzeitig als Nightlife-Spot für die Öffentlichkeit. Besonders konzentriert ist das Nachtleben rund um die **Harbour Street** bzw. die Hafenpromenade, wo sich viele Hotels aneinanderreihen. Dort sammeln sich die Nachtschwärmer auch häufig in Gruppen auf dem Gehweg. Der einzige Nachtclub Kirkwalls, der Fusion Club im Ayre Hotel (s. S. 22), ist coronabedingt bis auf Weiteres geschlossen.

› **Boothy Bar,** im The Albert Hotel (s. S. 22), tägl. 17–23, So bis 22 Uhr. In der modern-rustikal eingerichteten Hotelbar gibt es sonntags Livemusik.

■ **Helgi's** <37> 14 Harbour Street, KW151LE, Tel. 01856 879293, Facebook: Helgis, Mo–Sa 12–21, So 12.30–21 Uhr, Bar Mi/Do/So 15–22, Fr/Sa 12–23 Uhr, Zutritt ab 18 Jahren. Kleiner Gastropub direkt an der Hafenstraße mit guter Auswahl an Bier, Whisky und Cocktails sowie Pubgerichten. Donnerstags ist Quiznacht.

› **Oot the back,** im Hinterhof der Orkney Distillery (s. S. 21), www.orkneydistilling.com/pages/oot-the-back, Do/Fr/So 16–22.30, Sa 12–22.30 Uhr. Diese kleine Bar bietet an Sommerabenden gemütliche Sitzecken.

› **Skippers Bar,** im The Kirkwall Hotel (s. S. 22), Mi/Do 17–24, Fr/Sa 12–1, So 12–24 Uhr. Angelegt als Sportsbar und Pub gibt es hier gängige Klassiker wie Steak Pie, Fish and Chips oder Lasagne zum gepflegten Bier.

■ **The Standing Room Gin Bar** <38> 18 Shore Street, KW151LG, https://thestandingroom.co.uk, Fr/Sa 17–24 Uhr. Der Name ist Programm: Die Bar ist so klein, dass es fast nur Stehplätze gibt, dafür ist die Auswahl an Drinks groß.

■ **Torvaugh** <39> 4 Bridge Street, KW151HR, Mo–Sa 11–24, So 12.30–24 Uhr. Traditionelle Sportsbar, hauptsächlich von jüngerem Publikum besucht.

Deerness

Deerness bildet den **Ostzipfel von East Mainland** und kann mit einer atemberaubenden Klippenküste aufwarten. Die einsame **Halbinsel** ist nur durch einen schmalen Landstreifen zwischen zwei Buchten mit der Hauptinsel verbunden. Für eine Wanderung durch das **Mull Head Nature Reserve** ⑨ mit dem **Brough of Deerness** ⑪ sollte man zwei bis drei Stunden veranschlagen (s. S. 98). Nicht verpassen sollte man einen **Strandspaziergang** in der Taracliff Bay bei **Dingishowe** ⑧.

⑧ Dingishowe ★★ [F8]

Nach Dingishowe gelangt man, wenn man auf der A960 die kleine Landzunge nach Deerness überquert. Auf der Nordseite erstreckt sich dort zunächst der breite Sandstrand **Sandi Sand** vor der lagunenartigen Bucht **St Peter's Pool.** Ein Stück weiter findet man auf der gegenüberliegenden Seite einen **Parkplatz.** Über die Dünen gelangt man zur **Taracliff Bay** mit einem der malerischsten Strände Mainlands, den man meist nur mit Seevögeln teilt. In südlicher Richtung blickt man auf das unbewohnte Eiland **Copinsay.**

Der Name der Gegend setzt sich aus einer Ableitung von *ting* und dem Wort *howe* für „Hügel" zusammen. Auf dem kleinen Hügel oberhalb der Taracliff Bucht befand sich nämlich im 11. Jh. eine **Thingstätte der Wikinger,** deren Überreste heute unter dem Dünensand verborgen liegen. Laut der **Orkneyinga Saga** (s. S. 113) rief dort Jarl **Einarr Sigurdsson,** Bruder von Thorfinn the Mighty, 1016–1018 ein großes Parlament zusammen, um Steuern zu erheben, damit er Schiffe für seine Raubzüge erwerben konnte. Der Landwirt Thorkel Amundisson widersetzte sich ihm und wurde von Einarr nach Caithness verbannt. Der Konflikt setzte sich fort und Einarr fand schließlich durch Thorkels Hand den Tod.

9 Mull Head Nature Reserve ★★★ [F7]

Auf einer einspurigen Landstraße geht es von Skaill weiter bis zum **Parkplatz am Mull Head Visitor Centre,** der Weg dorthin ist ausgeschildert. In der kleinen Hütte gibt es Toiletten, Infomaterial und Aushänge mit Routen und Hintergrundinfos.

Rund um das **Naturschutzgebiet** gibt es zahlreiche **Wandermöglichkeiten** (s. Wanderung 2 auf S. 98) entlang der dramatisch von der See geformten Klippen mit Aussicht auf **Vogelfelsen** und – mit etwas Glück – sogar auf **Wale (Orcas) und Delfine** in der Brandung. Bei guter Sicht schaut man auf die Inseln Stronsay und Sanday.

› **Mull Head Visitor Centre,** www.orkney.gov.uk/Service-Directory/L/Mull-Head-Nature-Reserve.htm

10 The Gloup ★★ [F7]

Spaziert man vom Parkplatz beim Mull Head Visitor Centre in Richtung Küste, gelangt man zu The Gloup, einem **Blasloch in den Klippenfelsen.** Hier hat sich die Brandung von unten in den Fels gegraben, sodass dieser einbrach und nur eine kleine Brücke bestehen blieb. Wenn sich durch das Loch Wellen drücken, können **Wasserfontänen** entstehen. Hier sollte man Vorsicht walten lassen, sonst kann man nass werden.

11 Brough of Deerness ★★★ [F7]

Der Wanderpfad führt weiter zum Brough of Deerness, einer **Gezeiteninsel** in Form eines nur über eine Landbrücke erreichbaren **Klippenfelsens.** Der **Zugang** zu dem stürmischen Außenposten ist abenteuerlich: Zuerst muss man die Landklippe ganz hinabsteigen, um am gegenüberliegenden Ende einen schmalen Pfad wieder hinaufzusteigen – immerhin gibt es einen **Kettenhandlauf,** an dem man sich festhalten kann.

Auf dem grün bewachsenen Felsen finden sich die **Überreste einer Wikingersiedlung.** Man erkennt die

Bei der Gezeiteninsel Brough of Deerness sieht man, wie das Meer tiefe Einschnitte in die Felsen gegraben hat

027or-nh

Grundmauern einer von den Norwegern gebauten **Kirche** aus dem 10. Jh. Drumherum finden sich die Relikte von dreißig Gebäuden. Die Bauten entstanden über einer älteren **piktischen Siedlung** aus dem 5. Jh. an jener Stelle, an der bereits eine frühere Kirche stand. **Archäologische Funde**, darunter fein gearbeitete Kämme und Spielbretter, legen nahe, dass hier eine wichtige Persönlichkeit gelebt haben muss.

Unterkünfte

› **Northfield Guest House** £ <41> Deerness, KW172QL, Tel. 01856 741353, http://orkneybedandbreakfastnorthfield.com. Lichtdurchflutetes B&B mit stilvoll dekorierten Zimmern und Seeblick in wunderschöner Natur. Schmackhaftes, reichhaltiges Frühstück.

› **Sebay Mill** <42> Toab, Tankerness, KW172QU, Tel. 01856 877782, www.sebaymill.co.uk. Moderne, voll ausgestattete Ferienwohnungen in einer restaurierten historischen Mühle, ideal zwischen Kirkwall und Deerness gelegen.

Einkaufen

› **Deerness Distillery** <43> Newhall, KW172QJ, www.deernessdistillery.com, Mo-Fr 11-16 Uhr. Neben Ginspezialitäten wird hier auch ein leckerer Kaffeelikör hergestellt.

Ausflug zum Leuchtturm Rose Ness

Die Gemeinde **Holm** ist einer der einsamsten Landstriche East Mainlands. Eine Wanderung zum **Rose Ness Lighthouse** auf der südlichen Landspitze führt durch eine wilde, naturbelassene Landschaft.

Vom Ort **St Mary's** folgt man der B9052 nach Osten. Dort, wo diese in einer Linkskurve nach Norden führt, fährt man weiter geradeaus in Richtung **Cornquoy.** Man passiert die **St Nicholas Kirk** aus dem Jahr 1570, auf deren Friedhof auch Kriegsgräber aus dem Ersten und Zweiten Weltkrieg zu finden sind. Mahnend und unheimlich steht die heute verlassene Kirche direkt an der Uferstraße. Man erreicht eine Kreuzung, wo es geradeaus zur **Lower Cornquoy Farm** geht. Dort biegt man jedoch links ab nach **Upper Cornquoy,** wo man alsbald linker Hand den **Parkplatz** sieht, der den Ausgangspunkt der Wanderung bildet.

Durch ein **Gatter** geht es zwischen einer Kuh- und einer Schafsweide entlang auf ein unebenes Terrain mit einem schmalen, ausgetretenen Wanderpfad. Der Blick fällt immer wieder auf die zerklüftete Küste, zahlreiche Spalten und Felsabbrüche, auf denen **Seevögel** nisten. An den **ungesicherten Klippen** sollte man jedoch Vorsicht walten lassen. Dort, wo die See den Fels unterspült hat, ist ein großes, einsturzgefährdetes Blasloch abgesperrt. Man passiert **North Cairn,** ein von Gras überwachsenes neolithisches Kammergrab, und ein riesiges steineres Denkmal, das an Gefallene aus den Weltkriegen erinnert. Schließlich erreicht man **Rose Ness Lighthouse** mit einem einmaligen Blick auf die Küste von Deerness im Norden.

› **Cornquoy Bay Treats** <44> Lower Cornquoy Farm, Cornquoy Road, tägl. 9–22 Uhr. Auf der Farm gibt es ein Selbstbedienungskiosk mit Snacks, kalten Getränken und Kaffeemaschine. Auch Farmprodukte wie Kartoffeln, Gemüse, Eier, Milch und Fleisch findet man dort.

› **Rose Ness Lighthouse** <45>

West Mainland

⑫ Stromness (Hamnavoe) ★★★ [B7]

Der zweitgrößte Ort Orkneys hat eindeutig die fotogenste Lage: urige Steinhäuser am Pier, die historische Altstadt, Fischerboote im Hafen und im Hintergrund die Berge von Hoy.

Hamnavoe („Hafenbucht") war der Name, den die Wikinger Stromness gaben. Dreimal täglich legt die gleichnamige, vom schottischen Festland kommende **NorthLink-Fähre** (s. S. 119) in der Hafenstadt an.

Das **Stromness Museum** ⑮ hält Wissenswertes über die bewegte Geschichte des Ortes bereit, der heute nur noch 2200 Einwohner zählt und in dem es in der Vergangenheit einmal wesentlich geschäftiger zuging. Erstklassig ist die Kunstgalerie **Pier Arts Centre** ⑬. Ausgiebig stöbern kann man in den **Kunsthandwerksboutiquen** des Ortes (s. S. 32).

Während anderswo auf den Orkney-Inseln oft die Prähistorie im Vordergrund steht, spielten sich die wichtigsten Ereignisse in Stromness in der **Neuzeit** ab: von den Tagen der Hudson's Bay Company (s. S. 115), von Expeditionsschiffen und Walfängern im 17. und 18. Jh. über den Heringsboom (s. S. 115) Ende des 19. Jh. bis zu jener Zeit, als die Bucht Scapa Flow während der beiden Weltkriege die größte militärische Flottenbasis Großbritanniens beherbergte. Zuletzt sorgte das **Nordseeöl** und die Einrichtung des Ölterminals auf Flotta für viel Zuwanderung.

Blaue Plaketten an den pittoresken Häuschen erinnern heute an jene Personen, die Stromness' Vergangenheit prägten. Wer sein Quartier in Stromness aufschlägt, ist gut versorgt: Es gibt einen Supermarkt, eine Filiale der Argo's Bakery (s. S. 31) sowie etliche **Cafés und Restaurants.**

⑬ Pier Arts Centre ★★★ [B7]

Im Jahr 1979 bildeten die Werke aus der Sammlung von **Margaret Gardiner** (1904–2005) den Grundstein für diese **Kunstgalerie.** Die politische Aktivistin lebte längere Zeit auf Rousay und besaß aus ihrer Londoner Zeit Objekte bedeutender britischer Künstler der Moderne. Zu dem Zirkel gehörten etwa Barbara Hepworth, Ben Nicholson und Naum Gabo.

028or-nh

Inzwischen ist die Kollektion um etliche Werke erweitert worden, darunter die der ursprünglich aus Stromness stammenden Landschaftsmalerin **Sylvia Wishart** (1936–2008) und die der Filmemacherin **Margaret Tait** (1918–1999) aus Kirkwall 1.

Der **Pier Arts Centre Trust** erwarb das historische Gebäude, in dem die Galerie untergebracht ist, bereits im Jahr 1977. Ursprünglich gehörte es einem Geschäftsmann, der für die Hudson's Bay Company arbeitete. Während des Heringsbooms 1872 wechselte es in den Besitz des Geschäftsmanns John Aim Shearer, im Zweiten Weltkriegs nutzte es die Armee. Im Jahr 2007 kam ein moderner Anbau hinzu, in dem die Kunstwerke heute ins rechte Licht gerückt werden.

› Victoria Street, KW163AA, Tel. 01856 850209, www.pierartscentre.com, Di–Sa 10.30–17 Uhr, Eintritt frei

14 Victoria Street ★★ [B7]

Die Victoria Street verläuft **parallel zum Hafen**, aber in zweiter Reihe, hinter den Uferhäuschen. Im weiteren Verlauf Richtung Süden heißt sie zunächst **Dundas Street** und später **Alfred Street**. Man kann die enge Straße in ihrer gesamten Länge entlangschlendern, kleine **Geschäfte** entdecken und anhand der blauen Plaketten berühmte Bewohner kennenlernen. Leider ist die Straße auch für den Autoverkehr geöffnet.

Da Stromness am Fuße des **Hausbergs Brinkie's Brae** liegt, zweigen in Richtung Westen immer wieder Gässchen auf die obere Stadtebene ab. Auf der Ostseite führen die Gässchen ans Ufer, wo vor den Häusern die Bootsanleger liegen.

Hinter dem kleinen **Denkmal für John Rae** (s. S. 47) am Hafen steht der viktorianische Bau des **Stromness Hotel**, früher allein auf weiter Flur.

Von der Victoria Street führt die **Church Lane** nördlich hinauf zur **Stromness Town Hall**, einer umgebauten Kirche, in der heute Konzerte oder Messen stattfinden.

Ein Stück weiter nach Süden erhebt sich rechter Hand die **Stromness Parish Church**. Schließlich gelangt man zum **Graham Place**, dem ältesten Platz der Stadt aus dem 17. Jh. Auf der linken Seite passiert man wenig später eine **blaue Plakette**, die an **Eliza Fraser** (1798–1858) erinnert: 1836 begleitete sie ihren Mann, einen Seekapitän, auf dem Weg nach Australien, wo sie Schiffbruch erlitten. Nach ihrer Rückkehr erlangte Eliza einige Berühmtheit durch stark ausgeschmückte Berichte über ihre angebliche Gefangenschaft bei den Aborigines, die aber zum großen Teil frei erfunden waren.

Kurz hinter dem **Stromness Museum** 15 führt die Straße schließlich zum **Login's Well**. An diesem **Brunnen** füllten die großen Segelschoner früher ihre Wasservorräte auf. Er ist markiert durch eine Tafel und ein Fenster, durch das man in den Brunnenschacht hinabschauen kann.

15 Stromness Museum ★ [B7]

Das Museum wurde 1862 eröffnet und barg damals die **naturhistorische Sammlung** der Stadt. 1920 kaufte die **Orkney Natural History Society** den Bau, der in den 1990er-Jahren um ein Gebäude erweitert wurde. In dem Museum findet man **Memorabilien quer durch die Jahrtausende**, darunter Funde aus dem Neoli-

Das Gesicht des Hafenstädtchens Stromness prägen kleine Steinhäuser

thikum, Souvenirs aus aller Welt von den Handels- und Expeditionsschiffen, Navigationsgeräte von John Rae (s. S. 47) und natürlich Gegenstände aus der Marinegeschichte, insbesondere aus den beiden Weltkriegen.

› 52 Alfred Street, KW163DH, Tel. 01856 850025, www.stromnessmuseum.org.uk, tägl. 11–13, 13.45–15.30 Uhr, Erw. 5 £, erm. 4 £

16 Ness Battery ★ [B7]

Die Verlängerung der Victoria Street 14 führt bis zur **Landspitze** mit dem Hafeneingang am **Point of Ness.** Direkt oberhalb steht die **Ness Battery,** eine Befestigung aus dem Ersten Weltkrieg, die früher die Hafeneinfahrt von Stromness überwachte. Im Zweiten Weltkrieg wurde der Stützpunkt erneut genutzt und weiter ausgebaut. Große Teile der Anlage sind noch erhalten. Im Rahmen einer **geführten Tour** erfährt man Aufschlussreiches über den Alltag der Soldaten, die die Gemeinschaftsräume wie die Kantine mit Wandmalereien verziert haben.

› Ness Road, KW163EL, Tel. 07759 857298, http://nessbattery.co.uk, Besuch nur im Rahmen einer vorab gebuchten, geführten Tour (75 Min.), Erw. 6 £, Kinder 5–15 Jahre 4 £

Infos und Reisetipps

› **Stromness Ferry Terminal** <46> Ferry Road, KW163BH, Tel. 01856 850716, tägl. 5.30–16.45, 20–23.30 Uhr. Das Fährbüro von NorthLink dient auch als Touristeninformation.

George Mackay Brown – der Inselpoet

George Mackay Brown (1921–1996) ist der bekannteste, von Orkney stammende Schriftsteller und Poet. Er wurde in Stromness 12 als Sohn eines Postangestellten geboren und verbrachte fast sein ganzes Leben dort.

Schon in jungen Jahren erkrankte Mackay Brown an einer unheilbaren Tuberkulose, an der er sein ganzes Leben lang litt. Nach dem Zweiten Weltkrieg begann Brown, Artikel und Prosa für die Tageszeitung von Stromness zu schreiben und lernte seinen Mentor kennen, den Autor **Edward Muir** (1887–1959) aus Deerness. Schon 1954 erschien Browns erster Roman „The Storm", noch während er an der Universität Edinburgh Literatur studierte. Er verkehrte für kurze Zeit in den Edinburgher literarischen Zirkeln, wo er der „Literatenmuse" **Stella Cartwright** verfiel, mit der er kurzzeitig verlobt war, die sich jedoch zu Tode trank. Eine enge Freundschaft verband ihn mit der Malerin **Sylvia Wishart** (s. S. 29) aus Stromness.

In allen seinen Werken nimmt der Autor Bezug auf geschichtliche Ereignisse rund um Orkney, teils im Rahmen einer erfundenen Handlung. Sein Roman „Magnus" (1973) beschäftigt sich zum Beispiel mit dem Märtyrertod des hl. Magnus (s. S. 18) und nutzt die Orkneyinga Saga (s. S. 113) als Vorlage. „An Orkney Tapestry" (1973) ist ein Geschichtsbuch der Inseln, das von Wishart illustriert wurde. „Letters from Hamnavoe" (1975) enthält in Briefform abgefasste Texte an fiktive Leser, die Ereignisse auf den Inseln kommentieren. Das Werk erschien als Kolumne in der Wochenzeitung The Orcadian. Daneben verfasste er auch mehrere Gedichtbände. Browns Autobiografie „For the Islands I sing" erschien erst posthum.

- **Bus:** Bus X1 (s. S. 123) fährt vom Fährterminal in Stromness regelmäßig nach Kirkwall ❶ und hält auf Anfrage auch unterwegs.
- **Orkney Cycle Hire** <47> 54 Dundas Street, Tel. 01856 850255, www.orkneycyclehire.co.uk. Hier gibt es Touringräder und Mountainbikes für die ganze Familie.

Unterkünfte

- **Anderson's Harbour Cottages** ££-£££ <48> 36/40 Alfred Street, KW163DF, Tel. 07587511214, www.andersoncottages.co.uk. Die historischen, sehr gut ausgestatteten Cottages an vorderster Front in Stromness haben Hafenblick und sogar einen eigenen Pier. Weitere Apartments in der Nähe.
- **Feawell Cottage** £ <49> Bu Road, KW163JH, Tel. 01856 850443, www.feawellselfcatering.com. Kleines, ruhig und im Grünen gelegenes Cottage mit Blick auf Stromness und Hoy sowie die Küste von Orphir.
- **Harbour Cottage** ££ <50> Ferry Road, KW163AD, Tel. 07388933514, www.orkneyapartments.co.uk. Kleines, schnuckeliges Häuschen direkt am Hafen von Stromness.
- **Lindisfarne B&B** <51> Lindisfarne, KW163EX, http://stayinstromness.co.uk. Nördlich und etwas außerhalb des Zentrums gelegen, werden hier zweckmäßige Doppelzimmer mit umfangreichem Frühstück angeboten.
- **Royal Hotel Stromness** ££ <52> 55-57 Victoria Street, KW163BS, www.royalhotelstromness.com. Das zentral gelegene Drei-Sterne-Hotel gehört den Betreibern des Ferry Inn (s. rechts).
- **Self Catering Orkney** ££ <53> Westslate, Brownstown Road, KW163JN, Tel. 01856 851234, www.selfcateringorkney.com. Die Betreiber bieten mehrere Ferienwohnungen mit gehobener Ausstattung westlich des Stadtkerns an.

031or-nh

Essen und Trinken

- **Argo's Bakery (2)** £ <54> 50-52 Victoria Street, KW163BS, Tel. 01856 850945, www.argosbakery.co.uk, Mo-Sa 8-17.30, So 12-16 Uhr. Leckere Backwaren und warme Snacks zum Mitnehmen.
- **Ferry Inn** ££ <55> 10 John Street, KW163AD, Tel. 01856 850280, www.ferryinn.com, April-Okt. tägl. 17-23 Uhr. In dem beliebten Gastropub stehen fangfrischer Fisch und deftige Fleischgerichte auf der Karte, alles mit Produkten der Region gekocht. Dazu gibt es Gin, Bier und Whisky. Während der Musikfestivals finden Konzerte statt. Mit Gästezimmern.
- **Haven Restaurant** ££, im Royal Hotel (s. links), www.royalhotelstromness.com/food, tägl. 19-23 Uhr. Das Hotel-Restaurant mit gehobenem Standard bietet ein fünfgängiges mediterranes Menü, zubereitet von Chefkoch Salvi Batalla.
- **Hudson Lounge** £, im Royal Hotel (s. links), www.royalhotelstromness.com/lounge. Die Hudson Lounge ist neben dem Ferry Inn eine der Anlaufstellen für Ausgehwillige am Abend. Mit Billiardtisch und offenem Kamin.

In Anderson's Harbour Cottages wohnt man in authentischer Atmosphäre

029or-nh

› **Julia's Café** £ <56> Ferry Road, KW163AE, Tel. 01856 850904, www.juliashed.co.uk, Mo–Sa 9.30–16.30, So 10–16.30 Uhr. Nettes, beliebtes Café direkt am Hafen mit großer Außenterrasse. Serviert werden köstliche kleine Gerichte aus regionalen Produkten vom Salat mit Krabbenfleisch bis zum selbst gebackenen Kuchen.

› **The Pier Bistro & Takeaway** £ <57> 22 Victoria Street, KW163AA, Tel. 01856 850753, https://the-pier-bistro-takeaway.business.site, Mo–Sa 10–20, So 11–20 Uhr. In dem kleinen Café mit Außenterrasse am Hafen gibt es neben Sandwiches und Kuchen auch leckere Fish and Chips.

Einkaufen

› **Bayleaf Delicatessen** <58> 103–105 Victoria Street, KW163BY, Facebook: bayleafdelicatessen, Mo–Sa 10–16.30 Uhr. In dem Geschäft wird internationale Feinkost von Oliven bis Panettone verkauft, aber auch handgemachte *pies,* auch vegane und vegetarische Varianten. Dazu gibt es Bioweine. Ideal für Selbstversorger.

Julia's Café am Hafen ist ein beliebter Anlaufpunkt für Fährgäste

› **Co-op Stromness** <59> Ferry Road, KW163AE, tägl. 7–22 Uhr, kleinerer Supermarkt

› **Orkney Fish** <60> Garson Park, KW163BL, https://orkneycrab.co.uk, Mo–Sa 9–16 Uhr, fangfrischer Fisch und die berühmten Orkney-Krabben

› **Orkney Sporting Goods** <61> 92 Victoria Street, KW163BS, https://orkneysportinggoods.com. Alles für den Outdoor- und Sportbedarf – von Camping über Angeln bis zu Souvenirs.

› **Quernstone Knitwear** <62> 41 Victoria Street, KW163BS, https://quernstone.co.uk, Kernöffnungszeiten 10–15 Uhr. Strickmode: einfarbig und in bunten Mustern – in diesem Laden sind die Designs bunt gemischt.

› **Stromness Books and Prints** <63> 1 Graham Place, KW163BY, https://stromnessbooksandprints.wordpress.com, Di–So 12–18 Uhr. Ein winziger Buchladen, in dem man endlos lang in vollen Regalen stöbern kann. Auf der Website findet man einen Blog von Autoren der Orkney- und Shetland-Inseln.

› **Vintage Paper Co** <64> 4 Alfred Street, KW163DF, https://vintagepaper.co, tägl. 10–15 Uhr. Hier gibt es mit Vintage-Mustern bedrucktes Papier und daraus gefertigte hübsche Dekoartikel.

› **Waterfront Gallery** <65> 128 Victoria Street, KW163BU, www.waterfrontgallery.co.uk, Kernöffnungszeiten 12–15 Uhr, kleiner Atelier-Shop mit Malerei, Kunsthandwerk und Schmuck

17 Yesnaby ★★★ [A6]

Der Küstenabschnitt von Yesnaby nordwestlich von Stromness 12 weist einige der **beeindruckendsten Klippen Orkneys** auf. Die Felsformationen zeigen eindrücklich die Kraft der **Erosion** an den Küsten, denn es kommt immer wieder zu Felsabbrüchen. Besonders sehenswert ist

032or-nh

der Brandungspfeiler **Yesnaby Castle:** Der ähnlich wie der Old Man of Hoy 41 von Wind und Wellen zerfressene Fels hat unten ein Loch und steht nur noch auf zwei Stelzen.

Gleich um die Ecke liegt ein **früherer Steinbruch**, in dem man die Schichten der Gesteine noch gut erkennen kann. Vom **Parkplatz** aus kann man entweder nördlich bis Skara Brae 18 wandern oder südlich bis Stromness (s. Wanderung 3 auf S. 99). Selbst wer nur die Klippen in nächster Nähe zum Parkplatz erkundet, wird mit einem **atemberaubenden Panorama** belohnt.

› **Anfahrt:** von Stromness 12 über die A965, A967 und die B9056 nach Norden bis zum Abzweig Yesnaby Road nach Westen

Heart of Neolithic Orkney

Das „Herz des jungsteinzeitlichen Orkney" bezeichnet die von der UNESCO ins Weltkulturerbe aufgenommenen Ausgrabungsstätten in West Mainland. Es handelt sich dabei um Wohnbauten wie Skara Brae 18 und Kultstätten aus dem Neolithikum, die sich in relativer Nähe zueinander zwischen den drei Verwaltungsbezirken Sandwick, Stenness und Harray erstrecken.

Die **Megalithanlagen** bilden den touristischen Kern der Inseln und ziehen die meisten Besucher an. Die Steinkreise **Standing Stones of Stenness** 20 und **Ring of Brodgar** 22 befinden sich auf einer schmalen Landzunge zwischen dem **Loch of Stenness** und dem **Loch of Harray.**

18 Skara Brae ★★★ [B6]

An der Bay of Skaill in der Gemeinde Sandwick lockt der wohl besterhaltene Siedlungsfund des Neolithikums in Europa.

Eine Besonderheit ist, dass hier zehn Häuser, die in der **Jungsteinzeit** zwischen 3100–2500 v. Chr. bewohnt waren, nebeneinander in ihrer ursprünglichen Form erhalten geblieben sind. Dies hat damit zu tun, dass die Häuser samt Inneneinrichtung aus Stein gebaut wurden und dass sie **unter Dünensand versteckt** lagen, bis ein Sturm sie 1850 freilegte. Man spricht daher auch vom **schottischen Pompeji.** Die Ausgrabungen von 1928 bis 1930 wurden von dem australischen Archäologen **Vere Gordon Childe** (1892–1957) geleitet.

Aufschlussreich: eine Führung mit dem Archäologen Sigurd Towrie an der Grabungsstätte Ness of Brodgar 23

Orkneys Megalithanlagen: Archäologie im Prozess

Für Archäologen sind die Orkney-Inseln außergewöhnlich interessant. Das Besondere an den Megalithanlagen Orkneys ist ihr guter Zustand. Aufgrund der hohen Anzahl gut erhaltener und benachbarter Stätten können Archäologen Zusammenhänge zwischen Wohnhäusern, rituellen Bauten und Grabstätten herstellen und versuchen, diese zu deuten.

Es ist davon auszugehen, dass noch viele bisher unentdeckte Schätze im Verborgenen liegen: Ein Sprichwort besagt, man müsse nur irgendwo auf den Orkney-Inseln einen Spaten in die Erde stecken und würde fündig werden.

Viele der Ausgrabungen sind allerdings ein Wettlauf gegen die Zeit: Bei den Links of Noltland 79 auf Westray oder dem Knowe of Swandro 64 auf Rousay hat sich das Meer inzwischen so weit ins Land vorgearbeitet, dass die Bauten langsam unter den Wellen verschwinden. Wer sich für die hiesigen Ausgrabungen interessiert oder als „volunteer“ daran teilnehmen möchte, findet Infos auf der Website der University of Highland and Islands:

› **https://archaeologyorkney.com**

Die **rundlichen Häuser** mit Doppelsteinmauern waren sehr praktisch angelegt: In die Wände waren Nischen eingebaut mit aus Stein angelegten Schlafstätten, Kommoden und Regalen. In den Boden waren mit Ton gefüllte, wasserdichte Gruben zur Lagerung verderblicher Nahrungsmittel eingelassen. Bei einem Rundgang über das Gelände sind diese Strukturen noch deutlich sichtbar. Die eng beieinander stehenden Häuser waren durch **überdachte Gänge** miteinander verbunden, sodass man auch bei Regen trockenen Fußes zu den Nachbarn gelangen konnte. Eines der Häuser, Nr. 8, fällt aus dem Schema und diente wahrscheinlich als Versammlungsstätte.

In den Häusern fand man mit Mustern verziertes **Tongeschirr** der **Unstan Ware** (s. S. 38), Schmuck aus Walrosszähnen, aber auch aufwendig aus Stein gehauene, rundliche Objekte, deren Bedeutung unklar ist. Die Siedlung hatte einen **Abwasserkanal** und eine **Abfallgrube**, genannt *midden*. Aus den dort gefundenen Überresten ergab sich, dass die Menschen Farmer waren und Rinder, Schafe und Schweine hielten. Man geht davon aus, dass die Bucht noch weitere Häuser enthielt, die inzwischen dem Meer zum Opfer gefallen sind.

Im **Skara Brae Visitor Centre** findet man einen **Shop** mit Literatur über die geschichtlichen Hintergründe und

033or-nh

kann eine **Führung** buchen. Ebenfalls interessant ist das **Replica House**, ein eingerichteter Nachbau, der den damaligen Alltag der Menschen zeigt.

› **Anfahrt:** mit Bus X1/T11 von Kirkwall 1 oder Stromness 12, per Auto via B9056

› Sandwick, KW163LR, Tel. 01856 841815, www.historicenvironment.scot/visit-a-place/places/skara-brae, April–Sept. tägl. 10–17.30, Okt.–März tägl. 10–16 Uhr, Erw. 10,50 £, Kinder 6,50 £ inkl. Skaill House 19, Onlinebuchung mit festgelegter Besuchszeit

19 Skaill House ★★ [B6]

Das **Herrenhaus** ist **Teil der Anlage von Skara Brae** 18 und die Besichtigung im Ticket mit eingeschlossen. Skaill ist der norwegische Name für „Halle". Das Gebäude wurde 1620 für Bischof George Graham erbaut, der nicht ahnte, welche historischen Schätze sein Land barg. Inzwischen ist bekannt, dass die **Bay of Skaill** zunächst von den Menschen des Neolithikums, dann von den Pikten und schließlich von den Wikingern fast dauerhaft bewohnt war.

Erst **William Graham Watt**, der 7. Laird of Breckness, entdeckte 1850 die Überreste von Skara Brae nahe der Bucht. (Der Titel Laird bezeichnet den niederen Landadel bzw. die Gutsbesitzer.) Seine Familie empfing im Laufe der Jahre viele illustre Besucher, die Geschenke an die Hausherren übergaben. Diese lassen sich bei einer Besichtigung des Wohnhauses, das im Stil der 1950er-Jahre eingerichtet ist, begutachten.

› KW163LR, Tel. 01856 841501, https://skaillhouse.co.uk, April–Okt., Anfahrt und Eintritt: s. Skara Brae 18

Die 5000 Jahre alten Steinhäuser von Skara Brae 18 sind gut erhalten

20 Standing Stones of Stenness ★★★ [C6]

Zwischen dem Loch of Stenness und dem Loch of Harray befindet sich ein schmaler **Landstreifen** namens **Ness of Brodgar**, an dem sich Bauten aus prähistorischer Zeit wie an einer Perlenkette aneinanderreihen.

Die **älteste rituelle Stätte** hier sind die Stones of Stenness, die auf 3100 v. Chr. datieren. Sie wurden – ebenso wie der Ring of Brodgar 22 – als *henge* (s. unten) angelegt.

Bei diesem **Steinkreis** handelt es sich um eine ovale Form mit einer erhobenen Plattform in der Mitte, die von einem zwei Meter tiefen und sieben Meter breiten **Graben** umschlossen wird. Der Ring selbst hat einen Durchmesser von etwa 44 Metern. In der Mitte befand sich früher eine große **Feuerstelle**, an der Ausgrabungen u. a. Asche, Knochenreste und zerbrochene Keramik zutage förderten – ein Hinweis darauf, dass hier Mahlzeiten zubereitet wurden.

Heute stehen noch **vier** der ehemals zwölf bis zu sechs Meter hohen **Stelen**, die die rituelle Stätte einst umgaben. Die Konstruktion muss viele Jahre in Anspruch genommen haben.

Besonders bei **Sonnenuntergang** entfalten die Stelen mit ihren langen Schatten ihren Reiz. Zwei der Steine bilden eine Art Öffnung, durch die eine weitere Stele zu sehen ist und

KURZ & KNAPP

Henge

Henge bezeichnet ein typisches kreisrundes oder ovales **Erdwerk aus der Jungsteinzeit**, in dessen Innenbereich sich häufig ein **Steinkreis** befindet, manchmal auch ein einzelner Menhir (Steinblock). Der bekannteste Vertreter ist **Stonehenge** in England.

durch die zur Wintersonnenwende der Lichtstrahl der untergehenden Sonne fällt. Der Lichtstrahl erreicht dabei den Grabhügel von Maeshowe 24, sein Licht erhellt dann die Grabkammer.

› **Anfahrt:** mit Bus X1/T11, per Auto via B9055, Parkplatz direkt vor der Stätte
› Stenness, KW163YU, Eintritt frei

21 Barnhouse Settlement ★★ [C6]

Nordöstlich der Standing Stones of Stenness 20 findet man die freigelegten Überreste der **Barnhouse-Siedlung**, die man gut erwandern kann. Sie ist ähnlich angelegt wie Skara Brae 18 und bestand einst aus fünfzehn Häusern. Beim Rundgang durch die Anlage hat man einen guten Blick auf den Loch of Harray und die Landbrücke Ness of Brodgar. Man kann verstehen, dass die Menschen der Prähistorie diesen idyllischen Platz als Wohnort wählten. Wie in Skarà Brae gab es auch in dieser Siedlung ein Gebäude, das kein Wohnhaus war, sondern eine Art **Versammlungshalle.**

› Stenness, KW163JZ, Anfahrt: s. Standing Stones of Stenness 20, Eintritt frei

22 Ring of Brodgar ★★★ [B6]

Noch beeindruckender als die Standing Stones of Stenness 20 ist der **Steinkreis** Ring of Brodgar, weil hier mehr Stelen erhalten sind. Auch er wurde als *henge* (s. S. 35) angelegt, ist kreisrund und hat einen Durchmesser von 104 Metern. Er besteht aus 2,10 bis 4,70 Meter hohen **Steinstelen**, die oben abgeschrägt sind. Man geht davon aus, dass hier ursprünglich mindestens 60 Stelen standen, die drei Meter tief im Boden verankert waren. Davon stehen heute noch 27.

Das **Innere** des *henge* ist bis heute nicht archäologisch erforscht, daher gibt es keine genaue Daten über die Entstehung oder den Zweck des Baus. Dennoch – oder vielleicht gerade deshalb – übt der Steinkreis eine seltsame **Faszination** aus. Man vermutet, dass seine Funktion mit dem Stand der Sonne und des Mondes in Zusammenhang stand.

Wahrscheinlich geht er auf die Zeit um 2500 v. Chr. zurück. Aus jener Zeit stammen weitere Grabhügel auf dem Gelände, die ebenfalls noch nicht archäologisch erforscht sind, darunter beispielsweise **Salt Knowe.** Zur Zeit des Baus existierte der Loch of Stenness noch nicht, er entstand erst durch einen Einbruch aus der Bucht von Scapa Flow um ca. 1000 v. Chr.

Bei einem **Rundgang** ergeben sich immer wieder neue Perspektiven auf

Megalithanlage in mystischer Landschaft: der Steinkreis Ring of Brodgar

034or-nh

die Landschaft. Am besten besucht man die Stätte, wenn gerade keine Touristenbusse auf dem Parkplatz stehen, sonst kann es voll werden.

› Stenness, KW163JZ, Anfahrt: s. Standing Stones of Stenness ⓴, www.historicenvironment.scot/visit-a-place/places/ring-of-brodgar-stone-circle-and-henge, Eintritt frei

㉓ Grabungsstätte Ness of Brodgar ★★★ [C6]

Nach der schmalen Landzunge Ness of Brodgar ist auch die Grabungsstätte benannt. Die archäologischen Untersuchungen finden im Auftrag der **University of the Highlands and Islands** statt und die Erforschung der Anlage ist in vollem Gange. Die Stätte, die erst 2002 entdeckt wurde, ist schon wegen ihrer Größe beeindruckend: Es ist ein ummauerter Bezirk mit mehreren ovalen Gebäuden und einem zentralen Bau, der einem Tempel oder einer Versammlungshalle ähnelt. Man spekuliert, dass die Stätte eine besondere Funktion im Zusammenhang mit den Steinkreisen erfüllte. Vermutlich handelte es sich um eine riesige **Kultstätte,** wo sehr viele Menschen gemeinsam Rituale praktizierten. Die Gebäude wurden in der Zeitspanne von 3500 v. Chr. bis 2200 v. Chr. genutzt.

In den Sommermonaten buddeln hier **Archäologen aus der ganzen Welt** neue Teile der Anlage frei. Es ist eine mühsame Schatzsuche, die manchmal mit **spektakulären Funden** wie zum Beispiel 5000 Jahre alten Textilfragmenten und Fingerabdrücken auf Tongefäßen belohnt wird. Die Materialien sind sehr detailliert bearbeitet worden, viele haben Gravierungen oder sogar Farbreste, die auf eine Bemalung schließen lassen. Auch wer noch nie mit Archäologie in Berührung gekommen ist, kann sich der Faszination kaum entziehen, Dutzenden von Archäologen bei der Arbeit zuzusehen.

Die Anlage lässt sich nur im Rahmen einer **Führung** besichtigen, die wichtige Hintergrundinformationen liefert. Wo Laien vielleicht nur einen großen Steinhaufen sehen, füllt der Journalist und Historiker Sigurd Towrie dabei die Wissenslücken.

› Lochview, Stenness, KW163JZ, Anfahrt: s. Standing Stones of Stenness ⓴, www.nessofbrodgar.co.uk

› **Touren:** erste Juli- bis dritte Augustwoche Mo–Fr 9.30–16.30 Uhr

㉔ Maeshowe ★★★ [C6]

Das **Kammergrab** von Maeshowe, konstruiert aus massiven Sandsteinblöcken um 3000 v.Chr., versteckt sich unter einem weithin sichtbaren, **begrünten Hügel** südwestlich der Standing Stones of Stenness ⓴.

Maeshowe unterscheidet sich von anderen Grabhügeln Orkneys durch seine **Bauart** mit einem zentralen Innenraum mit hoher Decke, von dem seitlich Grabkammern abzweigen. Gräber vom Maeshowe-Typ wurden nur auf Orkney gefunden.

Das Grab wurde mehrfach von **Wikingern** besucht, die ihre Namen und Sprüche in die Wand ritzten. Diese **Runen-Inschriften** sind einzigartig in Europa und man erkennt Parallelen zu heutigen **Graffiti.** Auf unverblümte Weise steht hier geschrieben, wie sich Krieger mit Frauen wie der schönen Witwe Ingebjork vergnügten oder der Schreiber brüstet sich damit, dass er der „talentierteste Runenschreiber im westlichen Ozean" sei.

Auch in der **Orkneyinga Saga** (s. S. 113) wird erwähnt, dass die Wikinger in Maeshowe Unterschlupf suchten. So wird von Jarl Harald be-

035or-nh

Den Grabhügel Maeshowe (24) kann man nur in gebückter Haltung betreten

richtet, der 1153 mit einer Gruppe von Kriegern an Weihnachten auf dem Weg von Stromness (12) nach Firth während eines Schneesturms hier Zuflucht fand. Es kann auch sein, dass die Männer, die die Graffiti einritzten, auf der Suche nach einem Schatz waren, der sich angeblich in der Kammer befand. Man nimmt inzwischen an, dass die Wikinger Maeshowe zunächst als Grabstätte weiternutzten und dort Krieger mit ihren Schätzen bestatteten.

Heute darf man die Megalithanlage nur im Rahmen einer **geführten Tour** betreten, die am **Besucherzentrum** startet. Dabei bekommt man auch die Runen zu sehen.

Der **Zugang** erfolgt in **gebückter Haltung** durch einen langen, engen Eingangstunnel, bis man in die Hauptkammer mit hoher Decke gelangt. Die Wikinger hatten sich damals Zugang verschafft, indem sie von oben ein Loch gruben und dabei die Decke beschädigten, die heute restauriert ist.

› **Anfahrt:** bis Maeshowe Visitor Centre, an der A965, ca. 2 km vom Grabhügel entfernt. Ein Shuttlebus bringt die Tourteilnehmer zum Monument.

› **Maeshowe Visitor Centre** <66> Ireland Road, Stenness, KW163LB, Tel. 01856 851266, www.historicenvironment.scot/visit-a-place/places/maeshowe-chambered-cairn/prices-and-opening-times, April–Sept. tägl. 9.30–17.30, Okt.–März tägl. 10–16 Uhr, Erw. 9 £, Kinder 5,40 £, festgelegte Besuchszeiten, Vorausbuchung notwendig

(25) Unstan Chambered Cairn ★★ [B7]

Südwestlich vom Ness of Brodgar, am Südrand des Loch of Stenness, befindet sich ein weiteres **Kammergrab**, allerdings wesentlich kleiner als Maeshowe (24). Dieses Grab kann man noch aufrecht durch den ursprünglichen Eingang betreten. Man gelangt in die rund sieben Meter lange Kammer mit durch Steinplatten abgetrennten Seitenkammern bzw. Nischen. Von anderen Gräbern des **Orkney-Cromarty-Typs** (s. S. 112) unterscheidet es sich durch eine zusätzliche Seitenkammer.

In dem Kammergrab, das auf die Zeit von 3400 und 2800 v. Chr. datiert, wurde eine große Menge Töpferware gefunden, die mit Gravierungen verziert war und nach ihrem Ursprungsort als **Unstan Ware** bezeichnet wird. Sie wurde zudem in den Bauten des Knap of Howar (83) auf Papa Westray entdeckt. Außer auf den Orkney-Inseln hat man Unstan Ware auch auf den Hebriden und dem schottischen Festland gefunden. Darüber hinaus fand man zwei **Runen-Inschriften** von Wikingern und piktische Zeichnungen.

› Stromness, KW163JX, an der A965, frei zugänglich

Dounby

Dounby ist der einzige größere Ort im Inselinneren von West Mainland. Er liegt in der Nähe des großen Sees **Loch of Harray** [B6] und ist eine gute Ausgangsbasis für die Erkundung der neolithischen Stätten.

26 Corrigall Farm Museum ★ [C6]

In dem **Bauernhaus,** das noch so eingerichtet ist wie im späten 19. Jh., kann man sich in den damaligen spärlichen Lebensstil hineinversetzen. Hier wurde alles selbst gemacht, es gab einen Ofen und der Stall grenzte direkt ans Haus. Die zugige Kälte in den schlecht isolierten Steinhäusern bekämpfte man durch ständiges Herdfeuer und dicke Kleidung.

› Harray, KW172LQ, Tel. 01856 771411, www.orkney.gov.uk/Service-Directory/S/corrigall-farm-museum.htm, März–Okt. Mo–Sa 10.30–13, 14–17, So 12–17 Uhr, Eintritt frei

27 Click Mill ★ [C5]

Die restaurierte **Wassermühle** von 1820 steht in einsamer Landschaft. Sie wurde nur bis 1880 betrieben, ist innen aber noch vollständig ausgestattet. Es handelt sich um eine seltene sogenannte **Horizontalmühle,** bei der das Wasserrad nicht aufrecht steht, sondern waagerecht liegt. An derselben Stelle stand vorher bereits eine Mühle aus der Wikingerzeit.

› Hillside Road/B9057, Dounby, KW172HU

Unterkünfte

› **Dene Cottage** £ <67> Easthouse Croft, KW172JE, Tel. 07599552627, www.denecottage-orkney.co.uk. Das historische Cottage inmitten schönster Landschaft in Fußnähe zu Dounby ist modernisiert, voll ausgestattet und wird komplett durch die hauseigene Solar- und Windenergieanlage versorgt.

› **Kringla Appartments** £ <68> Twatt, KW172JH, Tel. 01856 841803, www.holidayinorkney.co.uk. Die drei behaglichen Ferienwohnungen, die zur Bryameadow Farm gehören, sind modern ausgestattet.

› **Smithfield Hotel** ££ <69> Hillside Road, KW172HT, Tel. 01856 771215, www.smithfieldhotel.co.uk. Traditionelles Hotel mit zweckmäßigen Zimmern. Gastronomie angeschlossen.

Essen und Trinken

› **Smithfield Hotel** ££ (s. oben). Das Hotel besitzt ein Café (11–15 Uhr), ein Restaurant (17–20 Uhr) und eine Bar (bis 22 Uhr). Im Restaurant sind besonders die Fischgerichte empfehlenswert, auch die Desserts sind nicht zu verachten.

Einkaufen

› **Allison More Designs** <70> an der A986, KW172HT, www.alisonmoore.co.uk. Das Atelier des Juweliers ist Teil des Creative Trails (s. S. 108). Viele Schmuckstücke sind mit bunten Edelsteinen versehen, die an die Farben Orkneys erinnern.

› **Co-op Dounby** <71> an der A986, KW172HT, www.coop.co.uk, tägl. 7–22 Uhr, gut ausgestatteter Lebensmittelladen mit Tankstelle

› **Harray Potter** <72> Fursbreck Pottery, Harray, KW172JR, https://orkneypottery.co.uk. Hier wird traditionelles Tongeschirr hergestellt. Der Töpfer experimentiert auch mit prähistorischen Techniken.

Birsay

Am Nordwestzipfel von Mainland erstreckt sich die der Küste vorgelagerte Gezeiteninsel **Brough of Birsay** 33 mit einer piktischen und später norwegischen Siedlung. Dieser Landstrich war lange Zeit Sitz der **Jarle von**

Orkney (s. S. 113), bevor sich Kirkwall ❶ als neues Zentrum etablierte. Birsay punktet mit **wilden Klippen**, einem spektakulär gelegenen **Leuchtturm** (s. S. 42) und **historischen Bauten** von Rang.

㉘ Kirbuster Farm Museum ★ [B5]

Fast 400 Jahre lang wurde dieses Haus bewohnt und das Land drumherum bewirtschaftet. Innen sieht es noch so aus, als wären die Bewohner gerade erst gegangen. Solche **Bauernhäuser** sind als *firehoose* bekannt, denn sie wurden um einen großen Herd herumgebaut, der mit Torf geheizt wurde. Alle Familienmitglieder bewohnten denselben Raum, auch der Stall für das Vieh war nur durch eine halbe Wand abgetrennt.

› Hundland Road, KW172LR, Tel. 01856 771268, www.orkney.gov.uk/Service-Directory/S/kirbuster-museum.htm, April–Okt. Mi–Sa 10–12, 14–17, So 13–17 Uhr, Eintritt frei

㉙ Marwick Head Kitchener Memorial ★ [B5]

An der Westküste Mainlands, zwischen Birsay und Skara Brae ⓲, erheben sich einige der höchsten **Seeklippen** der Hauptinsel, die bis zu 90 Meter hoch aufragen. In die Bucht von Marwick muss man von hier aus ganz schön kraxeln. Schon von Weitem mahnt hier das turmförmige Marwick Head Kitchener Memorial an ein **Seeunglück:** 1916 sank das britische Schiff **HMS Hampshire** vor der Küste, als es auf dem Weg nach Russland während eines Sturms auf eine deutsche Mine lief. Der Kriegsminister **Lord Kitchener** und über 700 Seeleute kamen dabei ums Leben.

› **Anfahrt:** von der B9056 zum Marwick Head abbiegen, erste Ausfahrt nördlich des Parkplatzes nahe dem Memorial

㉚ Barony Mill ★★ [B5]

In der Nähe des malerischen **Loch of Bordhouse** steht diese alte **Wassermühle,** in der die historische **Gerstensorte** *bere* heute wie damals zu *beremeal* gemahlen wird. Das Getreide wird ganz in der Nähe angebaut. Aufgrund ihres schnellen Wachstums ist die Getreidesorte ideal für die kurze Sommersaison Orkneys, weshalb sie schon vor Tausenden von Jahren hier angebaut wurde. Heutzutage wird nur noch in den Wintermonaten von Oktober bis April gemahlen. Dazu wird die Gerste vorher vier bis sechs Stunden in einem speziellen Ofen getrocknet. Das Korn enthält mehr Protein und weniger Stärke als moderne Gerste. Aus dem Mehl werden in der Pfanne die beliebten *bannocks* gebacken.

Die Mühle lässt sich im Rahmen einer halbstündigen **Führung** besichtigen, vor Ort kann man die Beremeal-Produkte auch kaufen. Die aus Stein gebaute Mühle wurde 1873 errichtet und war seither in Familienhand und fast ununterbrochen in Betrieb. Seit 1998 wird sie vom **Birsay Heritage Trust** betrieben, der das historische Erbe Orkneys bewahren möchte.

› an der A967, Birsay, KW172LY, Tel. 01856 721439, https://baronymill.com, Mai–Mitte Sept. tägl. 11–16.15 Uhr (Beginn der letzten Tour), Erw. 5 £, Kinder unter 12 Jahren frei

㉛ Earl's Palace Birsay ★★★ [B5]

Die frei zugängliche **Burgruine** steht malerisch im Hinterland der Insel Brough of Birsay ㉝. Der Palast wurde 1569–1574 vom verschwenderischen **Robert Stewart** (1533–

Die Gezeiteninsel Brough of Birsay war ein Domizil der Pikten und Wikinger und lockt mit einzigartiger Aussicht

1593) errichtet, dem (illegitimen) Halbbruder von Mary Stuart, der ab 1565 Sheriff von Orkney war. Ab 1581 wurde ihm von James IV. der neue Titel **Erster Earl von Orkney und Shetland** verliehen. Der Palast war für die damalige Zeit herrschaftlich ausgestattet, wurde jedoch nur kurzzeitig genutzt, da der Earl 1593 verstarb. Sein Sohn Patrick erbaute den neuen Earl's Palace 5 in Kirkwall.

› **Anfahrt:** per Auto via A966, Bus Nr. 6 von Kirkwall 1 bis Earl's Palace

32 St Magnus Church, Birsay ★ [B5]

In der **Orkneyinga Saga** ist von einer „Christuskirche" die Rede, die **Thorfinn the Mighty** (s. S. 113) nach der Rückkehr von seiner Romreise gebaut haben soll. Die **Gebeine des hl. Magnus** (s. S. 18) wurden dort verwahrt, bevor die St.-Magnus-Kathedrale 4 in Kirkwall errichtet wurde, und auch der Sitz des Bischofs befand sich dort. Bis heute ist jedoch unklar, ob mit dieser „Christuskirche" die Kirche auf der Gezeiteninsel Brough of Birsay 33 gemeint war oder die heutige St.-Magnus-Kirche im Ort Birsay.

Ein Schild vor der Kirche gibt als Entstehungsjahr 1035 an. Der heutige Bau stammt allerdings aus dem Jahr 1760. Weitere Anbauten gehen auf das 19. Jh. zurück. Bei einer Restaurierung um 1980 legte man Bodenplatten frei, die aus dem 11. Jh. stammten. Die Kirche ist eine Etappe auf dem Pilgerpfad **St Magnus Way** (s. S. 97).

› 1 Bridge, KW17 2LX, Sommer tägl. 9–18, Winter tägl. 10–16 Uhr

33 Brough of Birsay ★★★ [B4]

Brough of Birsay ist eine etwa 21 ha große **Gezeiteninsel** an der Nordwestspitze Mainlands. Der Zugang erfolgt bei **Ebbe** auf einem schmalen, rund 250 Meter langen **Betonpfad** durch ein Meer aus Steinen in allen Formen und Farben. Man muss jedoch auf die Wasserstände achten, denn wenn die Flut kommt, ist man vom Festland abgeschnitten.

Auf der anderen Seite angekommen, betritt man den Boden einer für die **Pikten** (im 7./8. Jh.) und später die **Wikinger** (ab dem 9. Jh.) gleichermaßen bedeutenden Stätte mit einer Kirche und etlichen Wohnhäusern. Dabei erbauten die Wikinger ihre Häuser auf den Überresten der früheren piktischen Siedlung, weshalb von den Vorgängerbauten nur noch wenig zu sehen ist.

Forscher nehmen an, dass **Thorfinn the Mighty** (s. S. 113), im 11. Jh. Jarl von Orkney, seinen Hauptsitz nach

ou-060or

Birsay verlegt hatte und dass der Ort ab dem 9. Jh. das Machtzentrum der Jarle war. Thorfinns große Halle lag wahrscheinlich weiter im Inselinneren auf dem Gebiet des heutigen Ortes Birsay. Dennoch gab es auf der windumfegten Brough of Birsay eine große Anzahl von **Wohnhäusern** mit Abwasserkanälen, Fußbodenheizung und sogar einer Sauna, was auf sehr wohlhabende Bewohner schließen lässt. Auch bei Ausgrabungen gefundene fein gearbeitete Broschen und Ringe, vermutlich piktischen Ursprungs, werden als Hinweis auf Wohlstand gedeutet. Besonders markant sind die Überreste einer **romanischen Kirche** aus dem 12. Jh.

Interessant ist die Nachbildung eines hier gefundenen **piktischen Symbolsteins**, dessen Original im National Museum of Scotland in Edinburgh steht. Der Stein ist auf typisch piktische Weise graviert und zeigt drei bärtige Krieger, Tiere sowie piktische Symbole, deren Bedeutung man bis heute nicht kennt.

› KW172LX, Tel. 01856 841815, www.historicenvironment.scot/visit-a-place/places/brough-of-birsay, Mitte Juni–Sept. tägl. 9.30–17.30 Uhr, Erw. 6 £, Kinder 3,60 £. Aktuelle Gezeitenstände unter www.orkney.com/today (unter „Tide Predictions").

Mein Tipp

Wanderung zum Brough Head

Von der Siedlung auf der Gezeiteninsel **Brough of Birsay** 33 führt der Weg durchs Gelände steil bergauf bis zur Spitze der Klippe. Dort steht ein unbemannter **Leuchtturm,** der 1925 von David A. Stevenson erbaut wurde. Damals wie heute erfüllt er eine wichtige Funktion. Obwohl bei Wind etwas beschwerlich, lohnt sich der Weg schon wegen der **sagenhaften Aussicht:** Von hier oben blickt man geradeaus auf den Atlantik, nach Süden auf die Westküste von Mainland und nach Norden bis zur Insel Westray.

Unterkünfte

› **Birsay Hostel and Camping** £ <73> Birsay KW172LY, Tel. 01856 873535, https://independenthostels.co.uk/members/birsayhostel, April–Sept. Großer Campingplatz und Hostel etwas außerhalb des Ortskerns. Im Hostel sind Stockbetten und zwei Zimmer mit angeschlossenem Bad verfügbar.

› **Grukalty Self Catering Cottage** £££ <74> Northside, Birsay, KW172LU, Tel. 01856 771281, www.grukaltyorkneyselfcatering.co.uk. Schön gelegenes, modernes Cottage mit moderner Ausstattung, Whirlpool und wunderbarer Aussicht.

Essen und Trinken, Einkaufen

› **Birsay Bay Tearoom** <75> südlich vom Earl's Palace, Birsay KW172LX, Tel. 01856 721399, www.birsaybaytearoom.co.uk. Do–So 10.30–16 Uhr. Schnuckeliges Café-Bistro mit wahrscheinlich einer der besten Aussichten auf die Insel Brough of Birsay. Die Torten sind köstliche Kalorienbomben, die Tomaten für Sandwiches und Salate stammen aus dem eigenen Gewächshaus gleich nebenan.

› **Palace Stores** <76> Lower Palace, Birsay, KW172XL, https://palacestores.co.uk, Di–So 10–16 Uhr. Der kleine Shop führt die nötigsten Lebensmittel, Snacks und frische Heißgetränke. Davor findet sich die Tankstelle des Ortes.

› **Swannay Brewery** <77> Birsay, KW172NP, www.swannaybrewery.com, Mo–Fr 10–16 Uhr. Hier, am Loch Swannay, wird in idyllischer Lage auf dem Gelände einer einstigen Molkerei das Orkney Beer gebraut. Es gibt viele unterschiedliche Varianten, auch eine Sorte aus lokaler Gerste *(bere).*

Evie und Rendall

Die kleine Gemeinde **Evie** im Nordosten Mainlands liegt direkt an der A966 an der Meerenge **Eynhallow Sound** mit toller Sicht auf die Insel Rousay. **Evie Beach**, auch **Sands of Evie** [C5], gehört zu den schönsten Buchten auf Mainland – hier kann man gut und gerne mehrere Stunden mit Spazieren oder Sonnenbaden verbringen.

Vom Strand führt eine einspurige Straße an der Küste entlang bis zum **Broch of Gurness** 34, einer der am schönsten gelegenen Sehenswürdigkeiten Mainlands. Evie ist mit dem **Bus** an Kirkwall 1 angebunden, es gibt einen Shop, ein Bistro und viele empfehlenswerte Unterkünfte.

Vom **Tingwall Pier** in **Rendall** verkehrt die **Fähre nach Rousay, Egilsay und Wyre** (s. S. 44). Am idyllisch gelegenen Pier kann man Fischer bei ihrem Krabben- und Hummerfang beobachten. **Tingwall** ist eine Station auf dem Pilgerpfad **St Magnus Way** (s. S. 97). Von hier aus nehmen die Pilger die Fähre auf die Insel Egilsay, auf der der hl. Magnus (s. S. 18) ermordet wurde. In Tingwall ist zudem das **Fernvalley Wildlife Centre** (s. S. 128) ansässig, das ein guter Anlaufpunkt für Familien mit kleinen Kindern ist.

34 Broch of Gurness ★★★ [C5]

Der Broch of Gurness ist ein **eisenzeitlicher Turmbau** aus der Zeit um 1000 v. Chr. Rundherum stehen die Relikte einer Befestigung. Man baute damals nah am Wasser, damit man in der Nähe der Boote war, aber musste sich gleichzeitig gegen Angriffe von der Seeseite verteidigen. Vom wehrhaften Broch of Gurness genießt man einen **einzigartigen Blick** über die Meerenge **Eynhallow Sound** mit der winzigen Insel **Eynhallow** (s. S. 72) und dem größeren Eiland Rousay.

Neben dem Broch bestand die Siedlung aus **drei Häusern**, es gab eine Straße, die durch die Siedlung führte, sowie Abwasserkanäle und Toiletten. In den Häusern finden sich, ähnlich wie in Skara Brae 18, aus Stein gefertigte „Möbel", etwa Schlafstätten und Regale.

Später entstand auf dem Gelände eine **piktische Siedlung**, die bis 500 n. Chr. bewohnt war. Eine Nachbildung eines ihrer Häuser steht nahe am Eingang der Anlage. Die neuen Siedler verwendeten beim Bau die Steine aus dem inzwischen eingestürzten Rundturm. Danach nutzten die **Wikinger** die Ruinen offen-

⊡ *Broch of Gurness: Die Menschen der Vorzeit bevorzugten Bauten am Ufer*

036or-nh

bar als **Friedhof**, denn man fand das Grab einer Frau aus dem 9. Jh. Ihre **Grabbeigaben**, darunter Broschen und Messer, sind heute im Orkney Museum 6 in Kirkwall ausgestellt. Bei Ausgrabungen entdeckte man zudem eine Amphore aus dem Mittelmeerraum.

› Aikerness, Evie, KW172NH, Tel. 01856 751414, www.historicenvironment.scot/visit-a-place/places/broch-of-gurness, April–Sept. Mo/Di u. Fr–So 9.30–12, 13–17.30 Uhr, Erw. 7 £, Kinder 4 £

Infos und Reisetipps

› **Tingwall Ferry Terminal** <78> Rendall, KW172HB, Tel. 01856 751360, www.orkneyferries.co.uk. Die Fähre nach Rousay, Egilsay und Wyre verkehrt dreimal täglich. Der Bus Nr. 6 wartet auf Fährgäste, Toiletten gibt es im Waiting Room.

› **Bus:** Bus Nr. 6 verkehrt von Kirkwall 1 bis Finstown, dann auf der A966 zur Tingwall Ferry und entlang der Hillside Road (Evie Beach).

Unterkünfte

› **Aviedale Cottage B&B** £££ <80> Rendall, Tel. 01856 761196, www.aviedalecottage.co.uk. Gepflegte Ferienzimmer und leckeres Frühstück. Die Lage am Gairsay Sound ist abgelegen, aber idyllisch.

› **Eviedale Cottages** ££ <81> Evie, KW172PJ, Tel. 01856 751714, www.eviedale-cottages.co.uk. Man kann eines der voll ausgestatteten Cottages oder ein Luxuszelt mieten (nur im Sommer).

› **Lower Quoys Self Catering** ££ <82> Evie Village, KW172PH, Tel. 01856 751422, https://selfcatering-orkney.co.uk. Hier stehen zwei kleine, restaurierte und gut ausgestattet Cottages zur Auswahl.

› **Woodwick House** ££–£££ <83> Evie, KW172PQ, Tel. 01856 751330, www.woodwickhouse.co.uk. Geschmackvolle Ferienunterkunft im historischen Landhaus am kleinen Bach Burn of Woodwick mit Blick auf die Inseln Wyre und Gairsay.

› **Woodwick Mill** £££ <84> Evie, KW172PQ, Tel. 01856 874150, www.woodwickmill.co.uk, In einer restaurierten alten Mühle ist diese Ferienunterkunft mit fünf Wohnungen in toller Lage untergebracht.

Mein Tipp

Gemütliche Rast

Nur wenige Schritte vom **Tingwall Ferry Terminal** (s. oben) entfernt wurde ein altes Steinhaus in ein **öffentliches Lesezimmer mit Warteraum** umgewandelt. Es ist wie ein gemütliches Wohnzimmer eingerichtet, besitzt Buchregale voller Lesestoff, Musikinstrumente und einen Schreibtisch. An regnerischen Tagen kann man hier in Ruhe sitzen und lesen oder **auf die Fähre warten** und sich mit anderen Besuchern austauschen.

› **Betty's Reading Room** <79> Tingwall, Rendall, KW172HB, geöffnet: s. Aushang am Gebäude

Essen und Trinken, Einkaufen

› **Eviedale Bistro and Bakehouse** £, Eviedale Cottages (s. oben), Pizzeria Fr–So 16–20.30 Uhr. Die im Holzofen gebackene italienische Pizza ist immer lecker. Im Bakehouse kann man sich außerdem donnerstags und freitags mit frisch gebackenem Brot und anderen Backwaren eindecken.

› **Mistra Shop** <85> Evie, KW172PJ, Facebook: Mistra.Evie, Mo–Sa 8–18, So 10–17 Uhr. Der Shop dient gleichzeitig als Postfiliale und Geschäft für Snacks und Grundnahrungsmittel.

Firth

Finstown [C6] liegt malerisch an der **Bay of Firth**, deren westlicher Ausläufer vor dem kleinen Ort eine Bucht namens **The Ouse** bildet. Die

A966 führt über eine Brücke auf die andere Seite. Ein kurzer Spaziergang um die Bucht herum bietet immer wieder reizvolle Ausblicke. Die flache Bay of Firth ist beliebt bei **Stand-Up-Paddlern.**

35 Cuween Chambered Cairn ★ [C6]

Wer hoch hinaus möchte, sollte zu diesem **Kammergrab** oberhalb von Finstown wandern. Von dort genießt man eine **tolle Aussicht** auf die Bucht, mit den kleinen Inseln Holm of Grimbister und Damsay. Das Grab datiert auf 3000 bis 2400 v. Chr. Bei Grabungen fand man eine Besonderheit, nämlich die Skelette mehrerer Hunde, die entweder Haus- oder Opfertiere waren.

Um in das Grab hineinzugelangen, muss man sich **auf alle Vieren** begeben, bis man im **Innenraum**, von dem vier Kammern abzweigen, stehen kann. Unterhalb des Hügels bis hinunter zur Bucht passiert man die Reste weiterer Gebäude, die wahrscheinlich früher einen zusammenhängenden Ort bildeten.

Vom Hügel wandert man auf einem Stück des **St Magnus Way** (s. S. 97) hinab zum Parkplatz bei Upper Bigging und wieder nach Finstown.

› Old Finstown Road, KW172EJ, frei zugänglich

Infos und Reisetipps

› **Parken:** Der zentrale Parkplatz liegt am Maitland Place in Finstown, dort gibt es auch eine öffentliche Toilette.

› **Bus:** Bus Nr. X1 verkehrt zwischen Kirkwall 1 und Stromness 12 und hält in Finstown.

Unterkünfte

› **Rowan Cottage** ££ <86> Finstown, KW172EJ, Tel. 01856 761551, www.rowancottage.org.uk, März–Okt. Oberhalb der Bay steht dieses gemütliche, gut ausgestattete Blockhaus mit guter Sicht.

› **The Boathouse** £££ <87> Finstown, KW172EH, Tel. 07769216756, www.orkneyself-catering.co.uk. Zur Wahl stehen das kleine, gemütliche Cottage The Boathouse oder mehrere kleine Bungalows, alle mit Blick auf die Bucht.

Essen und Trinken, Einkaufen

› **Finstown Post Office** <88> KW172EL, https://finstownpostoffice.co.uk, Do–Sa 9.30–12.30 Uhr. Ein multifunktionaler Shop, der auch als Post und Bank fungiert. Hier gibt es Süßes, kleine Snacks oder Kaffee zum Mitnehmen. Das historische Gebäude war einst das Telegrafenamt.

› **Leigh's A Real Taste of Orkney** <89> Maitland Place, KW172EQ, Tel. 07984211893, auf Facebook, So 10.30–14.30 Uhr, Sommer auch Di–Sa 8.30–14.30, Winter auch Fr/Sa 9.30–14.30 Uhr. Auf dem zentralen Parkplatz des Ortes am Ufer der Bay of Firth bietet dieser Streetfood-Wagen leckere Burger und Heißgetränke an.

Orphir

Südlich von Stenness und Firth erstreckt sich die Gemeinde Orphir. Im Zentrum von Orphir gibt es eine Hügelkette rund um den **Mid Hill**, der ca. 272 Meter aufragt. Am Fuß des Berges verläuft die Küstenstraße A964, von der man fast durchgängig einen schönen Ausblick auf die Bucht **Scapa Flow** und die South Isles hat. Die meisten Menschen nutzen die Straße auf dem Weg nach Houton, zum **Fähranleger zur Insel Hoy** (s. S. 48).

Abseits der Strecke warten jedoch interessante Sehenswürdigkeiten. So sollte man einen Besuch in der

ehemalige Wikingerhochburg **Earl's Bu** 37 samt markanter **Rundkirche** und dem angegliederten **Orkneyinga Saga Centre** 36 nicht verpassen. In der Hall of Clestrain (s. S. 47), der Geburtsstätte von John Rae, gibt es interessante Veranstaltungen.

36 Orkneyinga Saga Centre ★★★ [C7]

In diesem charmanten, kleinen **Museum** wird die **Wikingergeschichte** Orkneys vor dem Hintergrund der **Orkneyinga Saga** (s. S. 113) mit reichlich Humor erläutert. Es gibt einen **Videofilm** über die wichtigsten – und blutigsten – Ereignisse. Auf dem **Stammbaum der Jarle** werden die Wikinger mit den Köpfen bekannter Schauspieler dargestellt. Um ein Entgelt in Form von *danegeld* bittet der Kopf eines Wikingers mit Briefkastenschlitz am Mund. Das *danegeld* war eine Art Lösegeld, das die Engländer den Wikingern zahlten, damit sie sie bei Überfällen verschonten.

› 1 Gyre Road, Orphir, KW172RD, April–Okt. tägl. 9–18 Uhr, Eintritt frei

37 Earl's Bu and Church ★★★ [C7]

Ebenso wie Birsay (s. S. 39) war auch Orphir zur Zeit der **Wikinger** ein **Machtzentrum**. Hinter dem Orkneyinga Saga Centre 36 erstreckt sich ein großes Gelände mit den Überresten einer **Rundkirche**, einem Friedhof und Ruinen, die weitgehend unter Gras versteckt liegen.

Jarl **Håkon Paulsson** ließ hier 1120 die **Rundkirche** nach dem Vorbild der Grabeskirche in Jerusalem erbauen, nachdem er von einer Pilgerreise aus dem Heiligen Land zurückgekommen war. Diese Reise sollte unter anderem dazu dienen, den Mord an seinem Cousin Magnús Erlendsson, dem späteren hl. Magnus (s. S. 18), zu sühnen. Eine Apsis des Gotteshauses ist noch relativ gut erhalten. Die Rundkirche wurde noch bis 1750 genutzt. Sie ist in der Tat ein einzigartiges Beispiel dieser Architektur in Schottland.

Håkons große Halle, wo er mit seinen Männern zusammenkam und große Gelage veranstaltete, ist bekannt als **Earl's Bu** und soll laut der Saga in Orphir gestanden haben. Tatsächlich hat man auf dem Gelände nahe der Kirche die **Relikte** eines großen Gebäudes entdeckt, die aber noch nicht ausreichend erforscht sind. Auf dem Areal fand man außerdem Reste einer horizontalen **Wassermühle** aus der Wikingerzeit.

› 1 Gyre Road, KW172RD, www.historicenvironment.scot/visit-a-place/places/earls-bu-and-church-orphir, Eintritt frei

⊡ *Vom großen Wikingerpalast Earl's Bu in Orphir sind nur die Überreste der Rundkirche erhalten*

Der Arktisforscher Dr. John Rae

Am Hafen von Stromness 12 erinnert eine Statue an den Arktisforscher Dr. John Rae (1813–1893), der in Orphir auf Mainland geboren wurde. Sein Geburtshaus, die klassizistische **Hall of Clestrain,** wird gerade zum Museum umgebaut. Man kann das Gebäude daher momentan nur von außen betrachten. Zu ausgesuchten Terminen veranstaltet die John Rae Society jedoch Events wie Vorträge und Feste in dem alten Herrenhaus.

Rae studierte Medizin in Edinburgh, während sein Vater für die Hudson's Bay Company (s. S. 115) arbeitete. Zurück auf den Orkney-Inseln heuerte er als Arzt auf einem der Handelsschiffe der Company an, die zur Biberjagd nach Kanada fuhren. Er verbrachte zehn Jahre in der kanadischen Niederlassung Moose Factory und wurde zum Landvermesser ausgebildet, bevor er den Auftrag bekam, die Lücken auf den Karten der Hudson Bay zu füllen, was er in drei Expeditionen per Boot und zu Fuß tat.

1845 war der Polarforscher John Franklin zu einer Expedition auf der Suche nach der **Nordwestpassage** aufgebrochen, jenem Seeweg, der über das Nordmeer den Atlantik mit dem Pazifik verbindet. Franklin war nie zurückgekehrt. Ab 1848 war Rae stellvertretender Leiter der Richardson-Expedition, die die Spuren Franklins verfolgte. 1851 stieß Rae auf die Überreste eines von Franklins Schiffen und wurde dafür und für seine Vermessungen mit der Goldmedaille der Royal Geographical Society geehrt. Während seiner Reisen hatte Rae unter anderem bisher unbekannte Teile der arktischen Küste kartografiert und damit Vorarbeit für Roald Amundsen geleistet, der die Nordwestpassage zwischen 1903 und 1906 als erster erfolgreich passierte. Das von Rae entdeckte Teilstück rund um King William Island wurde nach dem Forscher Rae Strait genannt.

› **John Rae Society,** Tel. 01856 771419, www.johnraesociety.com (Menüpunkt „Events")

› **Hall of Clestrain** <90> Orphir, KW163HB

038or-nh

⊡ *Die Statue von John Rae begrüßt Besucher am Hafen von Stromness* 12

38 Waulkmill Bay und Hobbister ★★ [C7]

Der schöne **Strand von Waulkmill** schmiegt sich in eine tiefe Bucht. Links und rechts erheben sich die **Hochmoorhügel von Hobbister.** Hier wird der **Torf** gestochen, der dem Whisky der Highland Park Distillery (s. S. 21) sein rauchiges Aroma verleiht.

Am besten parkt man auf dem **Parkplatz** beim **Vogelschutzgebiet Hobbister Nature Reserve** an der A964. Von dort führt ein **Trampelpfad** entlang der Bucht Scapa Flow durch das Moor bis zur Waulkmill Bay. In die tief liegende Bucht selbst führt eine **Treppe.**

Irgendwo nördlich von hier – der genaue Punkt ist nicht markiert – fand 1529 die **Battle of Summerdale** statt. Dabei ging es um Machtansprüche zwischen Mitgliedern der **Sinclair-Familie,** die damals auf den Orkney-Inseln das Sagen hatten. Der Familienzweig der Sinclairs, der Caithness auf dem Festland regierte, war königstreu, während die Mitglieder auf den Inseln sich gegen den Einfluss des Königs stemmten. Unter James Sinclair nahm die rebellische Orkney-Fraktion Kirkwall Castle ein und vertrieb William Sinclair. Mit Unterstützung von James V. wollte sich dieser Orkney zurückholen und es kam zu besagter Schlacht. Allerdings verloren die Männer aus Caithness die Kämpfe mit großen Verlusten. Letztlich begnadigte James V. den rebellischen James Sinclair.

› **Infos zum Naturschutzgebiet:** www.rspb.org.uk/reserves-and-events/reserves-a-z/hobbister

Infos und Reisetipps

› **Houton Ferry Terminal** <91> KW172RD, www.orkneyferries.co.uk, Tel. 01856 811397. Hier startet die Fähre nach Hoy (Details s. S. 54). Vom Anleger kann man den Blick auf die vorgelagerte Insel Holm of Houton und die Bucht von Scapa Flow genießen.

› **Bus:** Busse Nr. 2 und Nr. 5 verkehren von Kirkwall 1 entlang der A964 zum Houton Ferry Terminal mit Stopps in Clestrain und Orphir.

Unterkunft

› **Scapa Flow Lodges** ££ <92> Scorradale Road, Orphir, KW172RF, Tel. 01856 811268, www.scapaflow-lodges.co.uk. Modern eingerichtete Ferienlodges in ländlicher Umgebung mit Terrasse und Weitblick auf das Hochmoor beim Ward Hill und die Scapa Bay.

Essen und Trinken

› **The Foveran** ££ <93> St Ola, KW151SF, Tel. 01856 872389, www.thefoveran.com. Familiengeführtes, edles Restaurant des Eigners und Chefkochs Paul Doull, in dem regionale Produkte zu köstlichen Gerichten verarbeitet werden. Man speist mit Sicht auf die Scapa Bay. Angegliedert ist eine kleines Boutiquehotel mit acht Zimmern.

› **The Noust Bar and Restaurant** <94> Orphir, KW172RB, Tel. 01856 811348, Mai–Sept. Mo–Sa ab 17 Uhr, So ab 12.30, Okt.–April Mi–Sa ab 18, So ab 12.30 Uhr. Das Lokal serviert traditionelle britische Küche und ist, ebenso wie die Bar, bei den Einheimischen ausgesprochen beliebt.

SOUTH ISLES

039or-nh

Hoy, South Walls und Flotta

Hoy, die **zweitgrößte Insel des Archipels**, unterscheidet sich von allen anderen Inseln durch ihre ausgesprochen **bergige Landschaft** – Hochmoore und Seeklippen bestimmen das Bild. Wer hier wandert, zieht zu Recht Vergleiche mit den schottischen Highlands. Zugleich ist Hoy eine der ursprünglichsten und wildesten Inseln Orkneys. Das Gebiet von der Südflanke der Berge von Rackwick bis Little Berry ist völlig **unerschlossen** – hier gibt es nicht einmal Wanderpfade. Dies macht gewissermaßen auch den Reiz der Insel aus, denn obwohl die schottische Festlandküste in Sichtweite liegt, fühlt man sich weit entfernt von jeglicher Zivilisation.

Der **Ward Hill** auf Hoy ist mit 481 m die höchste Erhebung Orkneys, der **Cuilags** westlich davon bringt es immerhin auf 435 m. Da das umliegende Land selten höher als 50 m ü. M. liegt, kann man von den Gipfeln fast alle anderen Inseln sehen – vorausgesetzt die Wetterverhältnisse stimmen.

Es mag seltsam anmuten, dass ausgerechnet Hoy gewissermaßen übersät ist mit den Überresten militärischer Anlagen aus der Zeit der beiden Weltkriege. Unter dem Titel **Wartime Heritage** findet man auf der Website der Insel interaktive Karten mit allen kartografierten Stätten, die von der Royal Navy militärisch genutzt wurden. Im **Scapa Flow Visitor Centre** 43 in Lyness kann man sich über die bewegte Zeit informieren.

South Walls ist mit Hoy durch eine schmale Landbrücke namens **The Ayre** verbunden. Das Eiland ist flach und vor allem durch Landwirtschaft geprägt. Der Hauptort ist **Longhope** mit einem kleinen Hafen.

Auf **Flotta** [C9] ist nur der Süden zugänglich, da der Norden seit Mitte der 1970er-Jahre von dem großen **Ölterminal** des Archipels eingenommen wird. Angesichts der Bestrebungen, fossile Brennstoffe zu ersetzen, entsteht hier derzeit eine große **Wasserstoffproduktionsanlage.** Die Energie dafür will man mithilfe eines Windkraftwerks vor der Westküste Orkneys gewinnen.

Hoy vorgelagert ist außerdem die Insel **Graemsay** [B7] am nordwestlichen Eingang der Bucht Scapa Flow.

39 Hoy Heritage Centre ★ [B8]

Der **Moaness Pier** in Linksness ist eingerahmt von den beiden Buchten **Bay of Creekland** und **Bay of Quoys** mit hübschen Stränden. Vorgelagert ist die Insel **Graemsay.** Nahe am Pier steht die ehemalige **Kirche** des Ortes, die heute das Hoy Heritage Centre mit einem kleinen **Museum über die Geschichte der Insel** birgt. Die Ausstellung widmet sich dem Lebensalltag der Einwohner in früheren Zeiten. Interessante Fotos liefern Momentaufnahmen der bewegten Vergangenheit. Es finden auch **Veranstaltungen** statt, zum Beispiel im Rahmen des Orkney International Science Festivals (s. S. 105).

› Hoy Kirk, KW163NJ, https://hoyheritage.wordpress.com, Öffnungszeiten variieren, Eintritt frei

◁ Vorseite: Die Italian Chapel 48 wurde von italienischen Kriegsgefangenen errichtet

▷ Wahrzeichen Orkneys: die Felsnadel Old Man of Hoy

40 Dwarfie Stane ★★★ [B8]

Wer mit der **Fußgängerfähre** nach **Moaness** gereist ist, kann eine Wanderung zum vier Kilometer entfernten „Zwergenstein“ unternehmen, der hier einsam mitten in der Moorlandschaft steht.

In Großbritannien ist diese Art des **Kammergrabs** einzigartig: Es besteht aus einem riesigen, rund acht Meter langen und zwei Meter hohen **Steinblock** aus Old-Red-Sandstein, aus dem ein kleiner Eingang und eine kleine Kammer **ausgehöhlt** wurden. Diese wurde mit einem kleineren Steinblock verschlossen, der direkt daneben liegt – man fühlt sich unweigerlich an Fred Feuerstein erinnert. Das Monument stellt Archäologen vor viele Rätsel, vor allem die Tatsache, dass es so alleine auf weiter Flur steht. Anhand ähnlicher Gräber in Europa datiert man es auf die Zeit um 3500–2500 v. Chr.

Das Steingrab hat die Fantasie vieler Besucher beflügelt, zum Beispiel die des Schriftstellers **Sir Walter Scott** (1771–1832), der das Grab in seinem Roman „The Pirate“ mit einem norwegischen Troll in Verbindung brachte. Der weit gereiste Abenteuer **William Henry Mouncey** (1808–1877) gravierte gar arabische Inschriften in die Außenwand des Monuments. Der Wortlaut: „Ich habe hier zwei Nächte gesessen und Frieden gefunden“, was immer das für ihn bedeutete.

› **Anfahrt:** zu erreichen über einen Holzsteg, der gegenüber vom Dwarfie Stane Car Park in die Landschaft führt

› KW163NJ, www.historicenvironment.scot/visit-a-place/places/dwarfie-stane, frei zugänglich

41 Old Man of Hoy ★★★ [A8]

Die wohl bekannteste Sehenswürdigkeit auf Hoy ist die mächtige **Felsenküste** mit der markanten, 137 Meter hohen **Felsnadel** Old Man of Hoy. Besucher, die mit der Fähre aus Thurso anreisen, sehen sie bei der Einfahrt in die Bucht von Stromness 12.

Von der Landseite her ist der Felsen wesentlich schwieriger zu erreichen. Der **kürzeste Weg** dorthin ist fünf Kilometer lang (eine Strecke) und führt von der **Rackwick Bay** 42 hinauf auf die steile Klippenküste. Inklusive Rückweg dauert die gesamte Wanderung etwa fünf Stunden. Von oben genießt man einen **exzellenten Blick** auf die von Wind und Meer gebeutelte Felsformation, die wahrscheinlich irgendwann den Wellen zum Opfer fallen wird.

040or-nh

Die ersten Männer erklommen die Felsnadel im Jahr 1966. Seitdem hat es wiederholt Aufstiege gegeben. Die Band **Eurythmics** nutzte die Klippen als Hintergrundkulisse in ihrem Musikvideo zu dem passend betitelten „Here comes the rain again".

42 Rackwick Bay ★★★ [A8]

Rackwick Bay ist einer der schönsten Orte auf Hoy: eine wildromantische, halbmondförmige Bucht mit feinsandigem Strand, der von großen, rosafarbenen Felskieseln aus Quarzgestein eingerahmt ist.

Der **Name** leitet sich vom altnorwegischen *reka vik* ab, was so viel bedeutet wie „Strandgut-Bucht". Außer ein paar Wohnhäusern und einem Hostel gibt es hier keine Infrastruktur – erst 1979 wurde der Ort elektrifiziert. Gerade diese **Abgeschiedenheit** machte Rackwick in den 1970er-Jahren zum idealen Aufenthaltsort für Orkneys Bohemiens: So lebten hier die Malerin **Sylvia Wishart** (s. S. 29) und der Avantgarde-Komponist **Peter Maxwell Davies** (1934–2016). Andere Künstler wie **George Mackay Brown** (s. S. 30) kamen zu Besuch.

Über die Landstraße auf der Südseite des **Ward Hill** beträgt die Entfernung von Moaness nach Rackwick etwa neun Kilometer – mit dem Fahrrad oder Auto ist das kein Problem. Wer **zu Fuß** auf die Insel gekommen ist, kann aber auch durch das Tal **Rackwick Glen** zur Rackwick Bay wandern. Dieser Fußweg verläuft auf der Nordseite des Berges entlang der alten Poststraße und ist mit 7,5 km (einfache Strecke) etwas kürzer. Die Szenerie unterhalb der Berge ist atemberaubend und man wird jeden Meter genießen. Es besteht die Möglichkeit, sich für die Rückfahrt ein **Taxi** zu bestellen. Ein **Shuttlebus** nach Rackwick fährt unregelmäßig in den Sommermonaten.

› **Wanderroute:** www.walkhighlands.co.uk/orkney/rackwick-glen.shtml

43 Scapa Flow Visitor Centre and Museum ★★★ [C9]

Wer mit der Fähre von Houton nach **Lyness** fährt, taucht sofort nach der Ankunft in die Militärgeschichte der Insel ein. Hier befand sich die **Marinebasis Lyness Naval Base**, von der noch zahlreiche Gebäude erhalten sind. Ab dem Sommer 2022 kann man im neuen **Besucherzentrum** die Geschichte der Basis und der Ereignisse während der beiden Weltkriege entdecken.

Das Steinhaus Rackwick Bothy (s. S. 55) dient als urige Wanderhütte mit Übernachtungsmöglichkeit

Dazu gehört nicht zuletzt die **Selbstversenkung der Kaiserlichen Hochseeflotte** am 21. Juni 1919 beim Militärstützpunkt Scapa Flow. Nach der Unterzeichnung des Waffenstillstands am 11. Nov. 1918 sollte die deutsche Marine ihre Schiffe den Alliierten übergeben. In Scapa Flow harrten 71 Schiffe mehrere Monate aus, und zwar bis zur Unterzeichnung des Vertrags von Versailles am 21. Juni 1919. Kurz zuvor gab **Admiral Reuter** jedoch den Befehl, die Schiffe zu versenken, anstatt sie zu übergeben. Heimlich wurden die Seeventile geöffnet und erst als sich das Schlachtschiff „Friedrich der Große" zur Seite neigte und die Crew das Schiff verließ, reagierten die wachhabenden britischen Soldaten. Neun deutsche Soldaten wurden erschossen, als sie in Rettungsbooten an Land ruderten, 1774 Deutsche gerieten in Gefangenschaft.

Auf dem **Lyness Wartime Trail** kann man durch das Gelände gehen und die militärischen Gerätschaften von Nissenhütten bis zu rostigen Flugabwehrkanonen besichtigen.

Am Nordende des früheren Militärgeländes befindet sich der **Lyness Royal Naval Cemetery.** Wie überall auf den Orkney-Inseln sind auf dem **Kriegsgräberfriedhof** vor allem Soldaten aus Großbritannien und dem Commonwealth begraben. In Lyness liegen aber auch die neun deutschen Soldaten, die bei der Selbstversenkung der Kaiserlichen Hochseeflotte zu Tode kamen.

› Lyness, KW163NT, Tel. 01856 873535, www.orkney.gov.uk/Service-Directory/S/scapa-flow-museum

042or-nh

Das Longhope Lifeboat Museum ehrt die Seenotretter der Inseln

44 Longhope Lifeboat Museum ★★ [B9]

Wer von Hoy nach **South Walls** fährt, umrundet in einer langen Kurve die ausgedehnte **North Bay.** Kurz bevor man den Damm **The Ayre** überquert, zweigt eine Straße rechts zum Museum ab.

Auf den oft von stürmischer See umtosten Orkney-Inseln, wo die Fischerei eine wichtige Einnahmequelle ist, sind die **Seenotrettungsboote der RNLI (Royal National Lifeboat Association)** eine absolute Notwendigkeit. Die Arbeit der freiwilligen Rettungskräfte wird hoch geschätzt und von der Kommune durch Spenden und über die Eintrittsgelder des Museums finanziert. Wer das Museum besucht, unterstützt daher diese wichtige Arbeit.

In dem Schuppen für das ehemalige Rettungsboot „Thomas McCunn" befindet sich heute eine **Ausstellung** über die Lebensretter. Unter anderem erfährt man mehr über das bis heute nachhallende Unglück von 1969, als ein Boot mitsamt seiner acht Besatzungsmitglieder bei einer Rettungsaktion im Pentland Firth unterging.

› Brims, South Walls, KW163NZ, Tel. 01856 701333, Facebook: Longhope Lifeboat, Eintritt frei

45 Martello Tower ★ [C9]

An der **Nordostspitze von South Walls**, in Hackness, stehen der wehrhafte Martello-Turm und weitere Befestigungen aus der Zeit von 1813 bis 1815, der Ära der **Napoleonischen Kriege.** Zu jener Zeit ging es in den Gewässern vor Orkney hoch her. Der Martello-Turm lässt sich erklimmen, um die **Aussicht** zu genießen.

› KW163PQ, www.historicenvironment.scot/visit-a-place/places/hackness-martello-tower-and-battery, April–Sept Mo–Do 9.30–17.30 Uhr, Erw. 7 £, Kinder 4 £

46 Cantick Head Lighthouse ★ [C9]

Am **Südostende von South Walls** erstreckt sich die lang gezogene **Kirk Bay,** wo man auch baden kann. In der Nähe befindet sich der **Friedhof Osmundwall,** wo der norwegische Jarl **Sigurður Hlöðvisson** (960–1014) 995 von König Olav I. Tryggvasson zum Christentum „bekehrt" worden sein soll. Dieser stellte ihn allerdings vor eine knifflige Wahl: entweder Gläubigkeit oder Tod.

Wer möchte, kann hier parken und die kurze Strecke bis zum **Leuchtturm** immer entlang der Küste wandern. Der Ausblick auf die Insel South Ronaldsay und die schottische Festlandküste ist fantastisch. Im ehemaligen Leuchtturmwärterhaus kann man **Ferienwohnungen** mieten.

› **Cantick Head Lighthouse Cottage,** Longhope, KW163PQ, Tel. 01856 701777, https://cantickhead.com

Anreise

Zwei Fähren bringen Besucher von Mainland nach **Hoy:** die Autofähre von Houton und die Fußgängerfähre von Stromness 12 aus. Hat man die Fähren verlassen, ist man jedoch mehr oder weniger auf sich gestellt, denn auf Busse kann man sich nicht verlassen. Eine Anreise mit dem Auto nach Lyness oder mit dem Fahrrad nach Moaness ist daher empfehlenswert, um Hoy unabhängig zu erkunden.

South Walls ist über eine schmale Landbrücke von Hoy aus erreichbar.

› **Autofähre Houton – Lyness** [C9]: Fahrzeit 35 Min. Bei der Buchung sollte man berücksichtigen, dass die Fähre zu bestimmten Zeiten auch auf Flotta hält, wodurch sich die Reise nach Hoy auf 1½ Std. verlängert.

› **Fußgängerfähre Stromness – Linksness** [B8]: Abfahrt am Stromness Pier, fünfmal tägl., Fahrzeit 35 Min. Die Fähre hält zunächst auf Graemsay (Fahrzeit ca. 15 Min.), dann wird der Moaness Pier auf Hoy angesteuert. Fahrradmitnahme möglich.

› **Infos und Buchung:** www.orkneyferries.co.uk

Infos und Reisetipps

› **https://hoyorkney.com**

› **Bus:** Der Community-Minibus fährt vom Fährterminal Lyness nach Longhope (April–Sept. Mo–Sa mehrmals tägl. hin und zurück 3,50 £, einfache Fahrt 2 £).

Ein weiterer Bus fährt von Longhope nach Moaness (dreimal tägl.). Der Bus endet in Longhope, der Rest von South Walls wird nicht angefahren. Auskünfte erhält man unter Tel. 01856 701356 u. 07833777760.

- **Taxi:** Mr. Clark, Tel. 01856 791315
- **Island Tours of Hoy,** Tel. 07887995730, www.islandtourshoy.com, Anbieter für geführte Inseltouren

Unterkünfte

- **Lighthouse Principal Cottage** £££: Übernachten im voll ausgestatteten Leuchtturmwärterhaus von Cantick Head 46 in einmaliger Atmosphäre mit bester Panoramasicht
- **Rackwick Bothy** £ <95> Rackwick, Hoy, KW163NJ. Wunderschön an der Rackwick Bay gelegenes altes Crofterhaus aus Stein mit Campingmöglichkeit vor dem Haus. Innen ist alles sehr einfach und rustikal: Geheizt wird mit Holz am offenen Kamin, geschlafen auf seitlich angebrachten Steinbänken mit Matratzen – ein echtes Abenteuer. Wie bei allen Wanderhütten in Schottland gibt es keine Vorausbuchung, sondern man teilt sich den verfügbaren Raum mit anderen Gästen.
- **Rackwick Hostel** £ <96> Rackwick, Hoy, KW163NJ, Tel. 01856 873535, ganzjährig außer Weihnachten/Neujahr. Die zwei Zimmer mit je vier Betten kann man auch exklusiv buchen – lohnend für größere Gruppen oder Familien. Mit Küche. Kein WLAN oder TV.
- **Royal Hotel Longhope** ££ <97> St Colm's Quadrant, Longhope, South Walls, KW163PG, Tel. 01856 701276. Oberhalb des Hafens von Longhope thront das historische Hotel. In den hiesigen Himmelbetten sollen schon König George V. und sein Sohn Edward VIII. anlässlich einer Truppeninspektion übernachtet haben. Mit Bar (s. rechts).
- **Stromabank Hotel** ££ <98> Longhope, South Walls, KW163PA, Tel. 01856 701494, www.stromabank.co.uk. Landeinwärts von Longhope steht dieses Hotel in modern-rustikalem Ambiente an der Straße, die zum Leuchtturm von Cantick Head führt. Das Hotel hat ein Restaurant und eine Bar.

Essen und Trinken, Einkaufen

Es gibt **zwei Cafés auf Hoy** und **zwei Hotels in Longhope auf South Walls,** die auch Essen servieren. Der einzige Village Shop befindet sich in Longhope.

- **Bar im Royal Hotel Longhope** (s. links), Do/Fr 17–23, Sa 17–1 Uhr. Freitags gibt es hier hausgemachte Fish and Chips, ansonsten nur Snacks und Getränke.
- **Beneth'ill Cafe** <99> Linksness, Hoy, KW163NJ, Tel. 01856 791119, www.benethillcafe.co.uk, April–Sept. tägl. 10–18 Uhr. Nur ein kurzes Stück vom Fähranleger Moaness entfernt, kann man in diesem angenehmen Café sehr gut nach einer Wanderung einkehren und sich erfrischen. Es gibt schmackhafte Panini, Suppen und Omeletts oder man gönnt sich ein Stück Kuchen samt gutem Kaffee. Dabei genießt man die Sicht auf die Bucht und die Berge.
- **Emily's Tea Room** <100> Millhouse, Lyness, Hoy, KW163NU, Tel. 01856 791213, www.emilystearoomhoy.co.uk, April–Sept. Di–Sa 10–17 Uhr. In dem kleinen, familiären Café kann man mit leckeren Kuchen Kalorien und Kraft tanken. Es gibt auch Souvenirs aus den hiesigen Künstlerateliers.
- **John M Groat & Sons** <101> Anchorfast Buildings, Longhope, South Walls, KW163PG, Facebook: longhopeshop, Mo–Sa 9–12, 14–18 Uhr. Der prall gefüllte Laden hat eine gute Auswahl an frischem Gemüse und Obst sowie vor der Tür eine Tankstelle.

Lamb Holm, Glimps Holm und Burray

Vier der südlichen Orkney-Inseln sind durch Landbrücken miteinander verbunden, sodass man nicht auf eine Fähre angewiesen ist: Lamb Holm, Glimps Holm, Burray und South Ronaldsay. Die sogenannten Churchill Barriers 47 ermöglichen eine hindernisfreie Fahrt auf der A691 bis zur südlichsten Landspitze von South Ronaldsay.

Auch der **Bus X1** fährt von Kirkwall 1 aus auf der **Panoramastraße A691**, an der etliche Sehenswürdigkeiten liegen, in Richtung Süden. Bis die Dämme 1945 aufgeschüttet wurden, erreichte man die Inseln nur per Boot. Heute verlässt man East Mainland beim Hafen der kleinen Siedlung **St Mary's** in der Gemeinde Holm, passiert zunächst die kleinen Eilande **Lamb Holm** und **Glimps Holm**, bevor es weiter nach **Burray** geht. Dort schossen die Einwohnerzahlen vor allem während des **Heringsbooms** (s. S. 115) im 19. Jh. in die Höhe. Heute geht es hier ruhiger zu. Zu den Sehenswürdigkeiten Burrays zählt das **Orkney Fossil and Heritage Centre** 49.

KURZ & KNAPP

Wikinger-Weisheit

Das Wort *holm*, das vom Altnorwegischen *holmr* abgeleitet ist, bezeichnet eine kleine Insel, „die gerade groß genug ist, um ein Schaf fett werden zu lassen, zwei Schafe zu ernähren und drei Schafe verhungern zu lassen". (Urheber unbekannt)

47 Churchill Barriers ★★★ [E8]

Insgesamt **vier Dämme** wurden auf Veranlassung des damaligen Premierministers Winston Churchill während des Zweiten Weltkriegs 1940–1944 aufgeschüttet. Bis heute verbinden diese Mainland und die südlichen Inseln. Auslöser hierfür war die Versenkung der **HMS Royal Oak** im Jahr 1939 durch ein deutsches U-Boot, das von Osten in den Hafen von Scapa Flow eingedrungen war. Zwar lagen vor den Hafeneingängen noch die Wracks der absichtlich versenkten Schiffe aus dem Ersten Weltkrieg *(block ships)*, aber das kleinere U-Boot U47 schaffte es dennoch, diese zu umgehen. Die **„block ships"**, deren von Rost zerfressene Rümpfe bei Ebbe aus dem Wasser herausragen, sind heute ein beliebtes **Tauchrevier** (s. S. 95).

Für den Bau der Churchill Barriers wurden große Steinquader zu befahrbaren Barrieren aufgeschüttet, die den Osten des Hafens abriegelten. Zum Bau verpflichtete man **Kriegsgefangene**, darunter vor allem **Itali-**

043or-nh

ener, die seit 1942 auf den Orkney-Inseln interniert waren. Heute gelten die Barrieren als Sehenswürdigkeiten und obwohl sie inzwischen **renovierungsbedürftig** sind, will man sie in ihrer Form erhalten. Auf dem Weg nach Süden eröffnet sich von den Barriers immer wieder ein **einzigartiger Panoramablick** auf die Inseln des Archipels.

Im Zuge der Aufschüttung sind durch angeschwemmten Sand auf der Ostseite der Insel Glimps Holm mehrere **Buchten mit schönen Stränden** entstanden.

48 Italian Chapel ★★★ [E8]

Das unbewohnte Eiland **Lamb Holm** weist einen der größten Touristenmagnete Orkneys auf. Bereits beim Passieren des ersten Damms der Churchill Barriers 47 sticht auf der Ostseite die Italienische Kapelle ins Auge. Mit ihrer **gotischen Fassade** in brillantem Weiß mit roten Verzierungen wirkt sie so ganz anders als die überwiegend graubraunen Fassaden Orkneys. Dabei ist alles nur Schein: Die Kapelle entstand nämlich aus einer der halbrunden **Nissenhütten**, in denen italienische Kriegsgefangene untergebracht waren, die beim Bau der Churchill Barriers eingesetzt wurden. Unter den Internierten war auch der Künstler **Domenico Chiocchetti** aus Moena in der Provinz Trentino. Zusammen mit seinen Landsmännern verwandelte er die Wellblechbaracke mit beeindruckenden **Trompe-l'Œil-Malereien** und **Fresken** an Wänden und Decke in eine kleine, fast schon opulente katholische Kapelle, in der die Internierten ihren Glauben ausüben konnten. Die Italiener nutzten alle ihnen zur Verfügung stehenden Baumaterialen: Sie verkleideten die Wellblechwände mit Zement, Kerzenhalter entstanden aus leeren Büchsen, das Taufbecken war ursprünglich Teil eines Auspuffs. Auf diese Weise entstand ein einzigartiges Kunstwerk, das auch **„Wunder von Camp 60"** genannt wurde.

Die Kriegsgefangenen wurden 1944 entlassen. Chiocchetti kehrte 1960 und 1964 noch einmal nach Lamb Holm zurück, um die Kirche zu restaurieren. Chiocchettis Heimatort Moena ist heute mit Kirkwall 1 verschwistert. Seit Chiocchettis Tod im Jahr 1999 kümmert sich eine **Interessengemeinschaft** um den Erhalt der Kirche, ihr gehört auch Chiocchettis Tochter an.

045or-nh

Farbenfrohe Fresken zieren Decken und Wände der Italian Chapel

Bei Ebbe sieht man links und rechts der Churchill Barriers die „block ships"

› Lamb Holm, KW172SF, Tel. 01856 781580, www.orkney.com/listings/the-italian-chapel, Juni–Aug. tägl. 9–17.30, April/Okt. tägl. 10–16, Mai/Sept. tägl. 9–17, Nov.–März tägl. 10–13 Uhr, Erw. 3,50 £, Kinder bis 12 Jahre frei

49 Orkney Fossil and Heritage Centre ★ [E8]

Von Glimps Holm geht die Fahrt weiter entlang der Panoramastrecke nach Burray. Am Binnensee **Echna Loch** lädt das Orkney Fossil and Heritage Centre zu einer Besichtigung und Rast im angeschlossenen **Tearoom** ein.

Nachdem Leslie Firth im **Steinbruch von Cruaday** in der Gemeinde Sandwick auf West Mainland die ersten Fossilien fand, bildeten diese den Grundstock dieser Sammlung, die heute einen **Blick in die Zeit vor 385 Mio. Jahren** ermöglicht. Das **Museum** ist in restaurierten Farmgebäuden untergebracht und widmet sich nicht nur der Geologie, sondern verfügt auch über einen Bereich zur Epoche des Zweiten Weltkriegs und zum Bau der Churchill Barriers 47 sowie der Italian Chapel 48.

Danach bietet sich die Gelegenheit für einen Abstecher zum langen Sandstrand **Bu Sand** [E8] auf der Ostseite der Insel. Vor der Westküste liegt die unbewohnte Insel **Hunda Island**, auf der nur Schafe und Ziegen grasen.

Vom kleinen Örtchen **Burray Village** führt der vierte Damm der Churchill Barriers weiter nach South Ronaldsay.

› **Anfahrt:** an der A961, Parkplatz vor Ort, mit Bus X1 von Kirkwall 1 nach St Margaret's Hope 50

› Viewforth, Burray, KW172SY, Tel. 01856 731255, www.orkneyfossilcentre.co.uk, April–Okt. tägl. 10–17 Uhr, Erw. 5,10 £, erm. 3,40 £

Unterkunft, Essen und Trinken

› **The Sands Hotel** <102> Burray Village, KH172SS, Tel. 01856 731298, http://thesandshotel.co.uk. Restaurant Lunch tägl. 12–14, Dinner tägl. 17–20.30 Uhr, Snacks und Heißgetränke gibt es den ganzen Tag. Von den meisten der behaglich eingerichteten Zimmer des Mittelklassehotels hat man einen Blick auf die Bucht. Im gediegenen Restaurant stehen Fisch, Vegetarisches und Klassiker wie Lasagne auf der Karte. Die Hotelbar ist Treffpunkt für die Einheimischen.

Einkaufen

› **J. Gow Rum** <103> Lamb Holm, KW172SF, https://jgowrum.com, Mo–Fr 10–13 Uhr. Unweit der Italian Chapel direkt an der Bucht hinter der ersten Churchill Barrier findet man diese Destillerie. Hier reift der Rum aus Zuckerrohrmelasse im Eichenfass. Es gibt eine gewürzte und eine ungewürzte Variante, natürlich kann man vor dem Kauf probieren.

South Ronaldsay

South Ronaldsay ist die südlichste der Orkney-Inseln und über die Churchill Barriers 47 mit Mainland verbunden. Das **viertgrößte Eiland des Archipels** wird an der Südspitze flach, was einen guten Blick auf die schottische Festlandküste ermöglicht. South Ronaldsay eignet sich gut zum **Radfahren und Wandern** mit unverstellter Sicht auf das Meer und die Nachbarinseln. Der Hauptort ist das charmante **St. Margaret's Hope** 50. Hier legt eine der beiden Fähren vom schottischen Festland an (Details s. S. 119). Die andere hält in **Burwick** [D10] im Inselsüden, das kaum mehr zu bieten hat als den Anleger.

046or-nh

Reizvolle **Strände** laden zu einer Rast oder sogar zum Schwimmen ein: Auf der Südseite von **Hoxa** [D9] erstreckt sich die geschützte kleine Bucht **Sands of Wright** mit goldgelbem Sand, die auch als **Hoxa Beach** bekannt ist – ideal, um nachmittags entspannt in der Sonne zu liegen.

Auf der **Wheems Organic Farm** (s. S. 62) kann man sich mit Biolebensmitteln eindecken oder auf dem dortigen Campingplatz sein Lager aufschlagen.

50 St Margaret's Hope ★★ [D9]

Über die Herkunft des Namens des Fischerdorfs gibt es zwei Theorien: Er geht entweder auf die heilig gesprochene **Margareta von Schottland** (1045–1093) zurück, die zweite Frau des schottischen Königs Malcolm III., oder auf die Königstochter **Margarete von Bergen** (s. S. 60). Der pittoreske Ort erstreckt sich entlang einer hübschen Bucht. Ein Spaziergang durch die Gassen führt an historischen Häuschen vorbei. Es gibt einen **Village Shop** (The Old Trading Post, s. S. 62) und ein **Restaurant** sowie den **Fähranleger** für die Fähre vom bzw. zum Festland (Gills Bay). Nicht zuletzt deshalb eignet sich der Ort gut als Ausgangsbasis für einen Aufenthalt.

MEIN TIPP

Wandern auf South Ronaldsay

Auf South Ronaldsay gibt es gute Wandermöglichkeiten. Neben der Erkundung von Hoxa Head (s. Wanderung 1 auf S. 96) gibt es auch einen **ausgeschilderten Pfad an der Ostküste.** Unweit der Wheems Organic Farm (s. S. 62) verläuft der Wanderweg von der **St Peter's Church** entlang der Küste bis nach **Burwick** [D10].

› **Wanderroute:** 14,5 km, ca. 4–5 Std., www.walkhighlands.co.uk/orkney/south-ronaldsay-coast.shtml

51 Smiddy Museum ★ [D9]

In der alten **Dorfschmiede** erinnert ein **Heimatmuseum** an das alte Handwerk der Schmiedekunst und gibt anhand von Fotos und Dokumenten einen Eindruck vom Leben in vergangenen Zeiten.

An der Bucht Sands of Wright lässt es sich gut entspannen

0440r-nh

KURZ & KNAPP

Margarete von Bergen

Der Name des Ortes **St Margaret's Hope** 50 steht vielleicht in Bezug zu Margarete von Bergen (um 1282–1290), auch **Maid of Norway** genannt. Sie war das Kind des norwegischen Königs Erik Magnusson und der Tochter des schottischen Königs Alexander III. Nach Alexanders Tod wurde sie im Alter von nur sieben Jahren offizielle Thronerbin Schottlands. 1290 verfrachtete man sie in Bergen auf ein Schiff, um das **Eheversprechen** mit dem Sohn von Edward I. von England einzulösen. Die Heirat der beiden hätte die schottische und englische Krone vereint. Auf der Seereise musste das Schiff infolge eines Sturms auf Orkney Zuflucht suchen. Hier erkrankte das Mädchen schwer und es wird berichtet, dass es am 29. September im **Bischofspalast** 5 **von Kirkwall verstarb.** Es gab viele Streitigkeiten und Anwärter auf den schottischen Thron, daher wurden die Umstände ihres Todes nie ganz aufgeklärt. Zehn Jahre später tauchte eine Frau in Bergen auf, die behauptete Margarete zu sein, aber man glaubte ihr nicht. Sie wurde verhaftet und 1301 auf dem Scheiterhaufen verbrannt.

› St Margaret's Hope, KW172SN, Tel. 01856 731841, www.facebook.com/smiddymuseum, April–Okt. Mo–Fr 14–16.30, Sa 14–16.30 Uhr

52 Hoxa Tapestry Gallery ★★★ [D9]

Auf der westlich gelegenen **Halbinsel Hoxa** kann man in der Galerie der Textilkünstlerin Leila Thomson und der Malerin Jo Thomson **handgewebte Wandteppiche** bewundern, welche die Landschaften und Farben der Orkney-Inseln auf besondere Art und Weise einfangen. Alle Werke sind natürlich verkäuflich. Schon allein wegen ihrer Größe darf man aber keine Schnäppchen erwarten.

› Hoxa, KW172TW, Tel. 01856 831395, www.hoxatapestrygallery.co.uk, April–Sept. Mo–Fr 10–17.30, So 14–18 Uhr, im Winter auf Anfrage

⌃ Der Hafen von St Margaret's Hope 50 hat eine idyllische Lage

› Wer dem Creative Trail (s. S. 108) folgt, kann Orkneys Ateliers entdecken

53 Liddle Burnt Mound ★ [E10]

Burnt Mound ist ein **Brandhügel aus der Bronzezeit.** Er ist nur einer von vielen solcher Stätten, die man auf den Inseln des Vereinigten Königreichs gefunden hat. Sie waren angelegt wie riesige, überdachte Backöfen mit einer Feuerstelle in der Mauer und einem im Boden eingelassenen, wasserdichten Trog. Die Bedeutung ist unklar, man vermutet, es könnten Back- oder Brauhäuser gewesen sein, frühe Saunen oder rituelle Opferhäuser. Meist lagen die Burnt Mounds weit von den eigentlichen Siedlungen entfernt, was mit der Rauch- oder Geruchsentwicklung zu tun gehabt haben könnte.

› Liddel, KW172RW, von Burwick entlang der B9041 nach Osten

54 Tomb of the Otters (Banks Chambered Tomb) ★ [E10]

Dieses **Kammergrab** wurde erst im Jahr 2010 entdeckt. Der Beiname entstand, da man Hinweise auf die Anwesenheit von **Ottern** fand, die die Grabgänge offensichtlich als Quartier genutzt hatten. Vom Hauptgang des Grabs zweigen sechs Kammern ab, in denen man die Überreste vieler hundert Menschen entdeckt hat. Eine Altersbestimmung menschlicher Knochen mithilfe der Radiokarbonmethode ergab eine Datierung auf 3021 v. Chr. und 3344 v. Chr., was eine Nutzung des Grabes über einen längeren Zeitraum nahelegt.

› **Anfahrt:** auf der A961 in Richtung Burwick, dann links auf die B9041 und rechts zur Küste. Das Besucherzentrum befindet sich in der Nähe von Skerries Bistro (s. S. 62).

› Banks, Cleat, KW172RW, Tel. 01856 831605, https://tomboftheotters.co.uk

Anreise

Zwei Fähren verkehren vom **schottischen Festland** nach South Ronaldsay: die **Passagierfähre** von John O'Groats nach Burwick [D10] und die **Autofähre** von der Gills Bay nach St Margaret's Hope 50 (s. S. 119). Alternativ erreicht man die Insel von Mainland aus über die **Landbrücke** der A961 (Churchill Barriers 47).

047or-nh

Unterkunft, Essen und Trinken

› **Rinibar House** £ <104> Hoxa, KW172TW, Tel. 01835 822277, www.unique-cottages.co.uk/cottages/highlands/orkney/au2-rinibar-house. Dieses restaurierte traditionelle Steinhaus mit modernem Standard auf der Halbinsel Hoxa ist zwar etwas außerhalb gelegen, bietet aber einen tollen Blick über die Widwall-Bucht bis zur Insel Flotta. Der Strom kommt von der eigenen Windturbine.

› **Skerries Bistro** ££ <105> Banks of Orkney, Cleat, KW172RW, Tel. 01856 831605, www.skerriesbistro.co.uk, So–Fr 12–16, Mo/Mi/Fr auch 18.30–20 Uhr. In der Nachbarschaft des Tomb of the Otters speist man hier feinste Fischgerichte auf einer Panoramaterrasse mit Meerblick. Alle Lebensmittel sind regional, die Backwaren stammen aus dem eigenen Ofen.

› **The Murray Arms Hotel and Seafood Restaurant** ££ <106> Back Road, KW172SP, Tel. 01856 831205, https://themurrayarmshotel.com, April–Sept. Mo–Do u. So 8–23, Fr/Sa 8–1 Uhr. Fangfrischer Fisch und Meeresfrüchte stehen hier auf der Karte. Eine Spezialität sind handgefischte Jakobsmuscheln, Krabben und Hummer. Im Sommer hat draußen der Biergarten geöffnet. Die modern eingerichteten Zimmer sind komfortabel.

› **Wheems Organic Farm and Campsite** £ <107> Eastside, KW172TJ, Tel. 01856 831556, https://wheemsorganic.co.uk/index.html. April–Okt. Hier kann man zelten oder kommt in einer kleinen, aber feinen Ferienwohnung mit Aussicht im ersten Stock unter. Außerdem wird Glamping in Holzhütten oder Jurten angeboten (ohne Bad). Man blickt auf die Bucht und hat nur die Kühe als Nachbarn. Frühstückseier, Gemüse und Obst gibt es direkt von der Farm.

Einkaufen

› **The Old Trading Post** <108> Front Road, St Margaret's Hope, KW172SP, www.facebook.com/OldTradingPostOrkney, Mo–Sa 8–20, So 10–18 Uhr. Auf der Hauptstraße findet man den Village Shop, der gleich mehrere Funktionen als Postamt, Lebensmittelgeschäft, Off Licence (Alkoholausschank) und Geschenkeladen erfüllt.

› **The Workshop and Loft Gallery** <109> Front Road, St Margaret's Hope, KW172SL, www.workshopandloftgallery.co.uk, Di 10–13, Mi–Sa 10–17 Uhr. Hier gibt es schöne, handgemachte Dinge: von Strickwaren über Geschenkartikel und Schmuck bis zu Malerei.

Meeresfrüchte stehen auf der Speisekarte des Murray Arms Hotel

048or-nh

NORTH ISLES

049or-nh

Shapinsay

Shapinsay ist eine der meistbesuchten nördlichen Inseln, nicht zuletzt aufgrund der ausgesprochen kurzen Anreise von Kirkwall (1) aus.

Die Insel eignet sich bestens für einen **Tagesausflug**, auch mit dem **Fahrrad.** Da es nur eine einzige Übernachtungsmöglichkeit auf Shapinsay gibt, sollte man allerdings die letzte Fähre nicht verpassen. In **Balfour** (55) in der **Elwick Bay**, wo die **Fähre** andockt, soll König **Håkon IV.** im Jahr 1263 seine Flotte versammelt haben, bevor er zur Schlacht von Largs (s. S. 114) aufbrach.

Man findet sich auf der Insel gut zurecht: Die **B9059** führt entlang der Südküste, die **B9058** führt quer über die Insel bis zur nordöstlichen Landspitze Ness of Ork.

MEIN TIPP

Island Hopping auf den North Isles

Von Mai bis August werden an einigen Sonntagen auch **Tagesrundfahrten** zu den North Isles angeboten (Special Sunday Excursions). Das Schiff fährt dann von Kirkwall (1) nacheinander verschiedene Inseln an, allerdings **ohne längere Aufenthaltszeit.** Man kann ein Picknick mitnehmen und sich an Bord einen schönen Tag machen. Unschlagbar ist das Inselpanorama und man bekommt einen ersten Eindruck von den Eilanden, die man später vielleicht noch näher erkunden möchte.

› www.orkneyferries.co.uk/pdfs/timetables/summerearly/ni_excursions_summerearly.pdf

050or-nh

(55) Balfour ★★ [E6]

Der **Ortsname** geht zurück auf die Balfour-Familie. **Thomas Balfour** hatte die Insel im Jahr 1782 erworben. Der ambitionierte Geschäftsmann machte Geld mit der Produktion von *kelp* (s. S. 115) und reformierte die Landwirtschaft. Für die Arbeiter und Handwerker ließ er kleine **Steincottages** bauen, die noch heute das Gesicht des Örtchens prägen.

Im Ort nahm Balfour einige Änderungen vor. Dabei flossen die neuesten technischen Errungenschaften ein, etwa beim Gaswerk, von dem noch das **Gas House** steht. Westlich vom Fähranleger am Strand thront der **Dishan Tower**, der auch **The Douche** genannt wird. Es handelt sich um eine **Salzwasserdusche**, die in einem alten Taubenhaus für die Arbeiter installiert wurde. Ebenso gab es hier eine Toilette, bei der die Hinterlassenschaften zweimal pro Tag durch die Flut weggespült wurden.

Die ehemalige **Schmiede** beherbergt heute ein **Café** und ein kleines **Heimatmuseum** im ersten Stock (The Smithy, s. S. 66). Am östlichen Ortsausgang steht noch die ehemali-

« Vorseite: Welche Insel darf es sein? Schilderwald am Pier von Kirkwall.

‹ Auf viele der kleineren Fähren muss man rückwärts auffahren

ge Wassermühle namens **Elwick Mill**, heute ein privates Wohnhaus.

Balfour ließ die Insel in rasterförmige Felder aufteilen und betrieb **Landwirtschaft** im großen Stil. Diese Strukturen sind bis heute erhalten. Die etwa 300 Einwohner leben zum Großteil nach wie vor von der Landwirtschaft.

56 Balfour Castle ★ [E6]

David Balfour, der Enkel von Thomas Balfour, ließ das Anwesen seines Großvaters, **Cliffdale House**, im Jahr 1847 mithilfe des Architekten David Bryce in ein neogotisches Schlösschen umbauen, das fortan Balfour Castle hieß. Das markante Haus, das vom Meer aus weithin sichtbar ist, ist heute in **Privatbesitz**, ebenso der Garten. Das zu dem Anwesen gehörende frühere **Gate House** steht hinter einem Parkplatz in der Nähe des Fähranlegers.

57 Lairo Water und The Ouse ★★ [E6]

Durch einen Sturm entstand die **Lagune Lairo Water** direkt hinter dem Strand der **Veantrow Bay**. Beide Gewässer sind nur durch einen schmalen Landstreifen getrennt. Die Bucht lässt sich umwandern, ein **Parkplatz** befindet sich an der Ostseite. Zum Baden eignet sich jedoch nur der

MEIN TIPP

Rundwanderung im Vogelschutzgebiet

Das Vogelschutzgebiet **Mill Dam Nature Reserve** liegt nördlich von Balfour 55. Es gibt einen **Parkplatz** und von einem kleinen **Ausguck** kann man gut die Watvögel beobachten.

Der Besuch des Schutzgebiets lässt sich mit einer Rundwanderung um die **Südwestspitze der Insel** kombinieren. Hierzu folgt man von Balfour der Küstenlinie nach Westen, wandert nördlich bis **Vasa Loch** [E6] und biegt dann landeinwärts. Hat man Rosecraigie passiert, geht man südlich zurück in Richtung Balfour und erreicht bald den Parkplatz.

› **Wanderroute:** ca. 8 km, ca. 3 Std., www.rspb.org.uk/reserves-and-events/reserves-a-z/mill-dam

Strand bei Skenstoft, der am nordöstlichen Ende der Bucht liegt.

An der **Westseite der Bucht** erstreckt sich **The Ouse**, eine Art trichterförmige Flussmündung, die bei Flut von Wasser bedeckt ist und sich bei Ebbe in eine **Schlicklandschaft** verwandelt, die besonders bei **Watvögeln** beliebt ist. Bei Ebbe wird hier ein riesiger Findling sichtbar: Der schwarze **Odin Stone** soll angeblich von den

Blick auf das neogotische Balfour Castle auf der Insel Shapinsay

Norwegern als Opferstein genutzt worden sein. Wahrscheinlicher ist, dass er als Grenzmarkierung platziert wurde.

58 Burroughston Broch ★ [E5]

Im Nordosten Shapinsays, beinahe an der Landspitze, findet sich dieser **turmartige Rundbau aus der Eisenzeit** oder, besser gesagt, dessen Überreste. Nur wenig ist von der einstigen Siedlung erhalten, das meiste hat sich die See geholt oder es ist von Gras überwachsen. Interessant ist der **Wassertank** aus Stein, mit dem die Bewohner Regenwasser sammelten. Es gibt auch eine **Wächterzelle.**

Wer möchte, kann von hier aus an der **Klippenküste** entlang bis zur Landspitze **Ness of Ork** wandern. Von dort bietet sich ein guter Blick nach Osten auf die Insel Stronsay.

› Edmonstone, KW172EB, Anfahrt via B9058, Parkplatz auf der rechten Seite

Anreise

› **Fähre:** sechsmal tägl. von Kirkwall 1 nach Balfour 55, Fahrzeit 25 Min., letzte Rückfahrt 17.30 Uhr, Sa/So gibt es eine spätere Rückfahrt um 19 Uhr. Da die Fähre nur eine Ladeklappe hat, muss man rückwärts auffahren, was bei niedrigem Wasserstand nicht ganz einfach ist.

› **Groats Charters,** Tel. 07901575162, Wer die Fähre verpasst, kann sich an die örtliche Bootsvermietung wenden.

Infos und Reisetipps

› **https://shapinsay.org.uk**

› **E-Bike-Verleih,** Tel. 07471751791, ebike@shapinsay.or.uk, Mo–Fr 8.45–14 Uhr. Das E-Bike für die Inselerkundung kostet 5 £/2 Std., 7,50 £/Tag. Im Community Centre im Boathouse starten Inselwanderungen und Rundfahrten.

Essen und Trinken

› **The Smithy Café** <110> Balfour, KW172DX, Tel. 01856 711269, Mai–Sept. tägl. 12–17 Uhr. Das Café in der alten Schmiede ist zugleich der Ortstreffpunkt. Im ersten Stock befindet sich das kleine Shapinsay Heritage Centre. Momentan wird es umgebaut.

Einkaufen

› **Thomas Sinclair** <111> Shoreside, KW172DX, auf Facebook, Mo–Fr 9–17, 18–18.30, Sa 9.45–10.45, 12–17, So 14–16 Uhr. Der einzige Shop auf Shapinsay ist sehr gut sortiert und hat ein großes Angebot an Lebensmitteln und Waren des täglichen Bedarfs. Er beherbergt auch das Postamt. Ein Stück weiter an der B9059 steht eine Tankstelle.

Rousay, Egilsay und Wyre

Rousay wird auch als **„Ägypten des Nordens“** bezeichnet, denn auf der nur zehn Kilometer langen und 8,5 Kilometer breiten Insel und ihren kleineren Nachbarinseln **Egilsay** und **Wyre** finden sich sage und schreibe **166 archäologische Fundstätten.** Bei den Menschen der Vorzeit und den Wikingern waren die Eilande am Eynhallow Sound offensichtlich ganz besonders beliebt – vielleicht auch wegen der guten Sicht und die kurzen Verbindungswege zwischen den Inseln und zum Festland. Heute leben nur noch 30 Menschen dauerhaft hier. Der Name der Hauptinsel Rousay leitet sich von dem altnorwegischen Wort *Hrólfsey* („Rolfs Insel“) ab.

Rousay unterscheidet sich durch seine **hügelige Landschaft** von den anderen North Isles. Mitten durch die Insel zieht sich ein Bergrücken, der beim **Blotchnie Fiold** eine Höhe von 249 Metern erreicht. In den Tälern ist die Insel landwirtschaftlich geprägt, auf den Höhen findet sich eine Hochmoorlandschaft. Dennoch eignet sich Rousay bestens zum **Radfahren**, denn die Landstraße **B9064** umrundet die Insel zumeist am Fuß der Berge und bietet eine wundervolle Aussicht. Ein weiterer Vorteil für Radfahrer ist, dass die Sehenswürdigkeiten fast alle in der Nähe der Straße liegen, sodass man beliebig viele Besichtigungspausen einlegen kann.

59 Trumland House Gardens ★ [D5]

Das **Herrenhaus** geht auf die **Traill-Familie** zurück, die ab dem 17. Jh. die Lairds (Landbesitzer) auf Rousay waren. Sie lebten zunächst im **Westness House**, das 1792 erbaut wurde. George William Traill war in den 1820er- und 1830er-Jahren für **Highland Clearances** verantwortlich, das heißt, er vertrieb zahlreiche seiner Pächter aus den *crofts* (Kleinbauernhöfen) auf seinem Land.

General **Frederick William Traill-Burroughs** engagierte 1873 den Architekten David Bryce, der auch Balfour Castle 56 auf Shapinsay entworfen hatte, um ein neues Anwesen zu bauen. Das Resultat war das Trumland House, ein Herrenhaus im **jakobinischen Stil.** Um sein Vorhaben zu verwirklichen, hob der Laird die Steuern an, was ihm unter den Inselbewohnern keinen guten Ruf einbrachte. Traill-Boroughs ließ aber auch die ersten Schulen und einen Pier bauen und etablierte einen regelmäßigen Dampfschiffservice zur Insel.

Das Haus befindet sich momentan **im Umbau**, aber die **Gartenanlagen** können besichtigt werden.

› an der B9064, KW172PU, Tel. 01856 821322, www.facebook.com/TrumlandHouseGardens, Mai-Okt., Öffnungszeiten s. Facebook-Seite

60 Blackhammer Cairn ★★ [D5]

Die **jungsteinzeitliche Megalithanlage** wird auf ca. 3000 v. Chr. datiert und ist ein sogenanntes *stalled cairn* vom **Orkney-Cromarty-Typ** (s. S. 112). Von der **B9064** führt ein kurzer Weg bergan zu dem frei zugänglichen Grabhügel, von dem man einen **wunderschönen Ausblick** auf die Meerenge **Eynhallow Sound** hat.

Im Gegensatz zu vielen anderen Gräbern dieses Typs besitzt die hiesige Kammer eine **schräge Schiebetür,** durch die man leicht gebückt über ein paar Stufen eintreten kann. Das Innere ist aufgrund eingelassener Fenster relativ hell und man bekommt einen guten Eindruck von der Bauweise der dreizehn Meter langen Anlage. Man fand Tierknochen, Werkzeuge und zwei menschliche Skelette.

052or-nh

› *In das Blackhammer Cairn gelangt man durch eine Schiebetür*

„The broch boys" – wer Rousays Schätze zutage förderte

Im Jahr 1922 wurde Trumland House 59 an **Walter Gordon Grant** (1886–1947) verkauft, den damaligen Betreiber der Highland Park Distillery (s. S. 21), der in den 1930er-Jahren einen Großteil der archäologischen Erstausgrabungen auf Rousay finanzierte. Die Funde bei Skara Brae 18 und folgenden Grabungen durch Vere Gordon Childe hatte den Denkmalschutz auf die Inseln aufmerksam gemacht. Erstmals wurde 1928 eine Liste der historischen Monumente und Megalithanlagen Orkneys erstellt.

Walter Gordon Grant ließ sich von der Euphorie anstecken und begann, nach Rücksprache mit der Royal Society of Antiquities, mit Ausgrabungen in Midhowe. Sein leitender Experte war **Graham Callander,** Direktor des National Museum of Antiquities of Scotland. Im Zeitraum 1930–1933 wurde Midhowe Broch 63 freigelegt.

Nach diesem erfolgreichen Projekt arbeiteten Grant und Callander bis 1937 noch bei elf weiteren Ausgrabungen zusammen, die Grant finanzierte. Unter anderem legten sie die Kammergräber Midhowe 62, Knowe of Yarso 61, Blackhammer Cairn 60 und Knowe of Ramsay frei. Dafür erwarben sich die beiden den Spitznamen „the broch boys". Grant vermachte alle Funde aus den Grabungen dem bereits erwähnten National Museum of Antiquities, dem heutigen National Museum of Scotland in Edinburgh.

Eine vollständige Liste aller Monumente auf Rousay findet man auf der folgenden Website:

› https://rousayremembered.com

61 Knowe of Yarso ★★ [D5]

Zu dieser **Megalithanlage** aus der Zeit um 3500–2500 v. Chr. muss man etwas höher hinaufsteigen – und wird mit einer **fantastischen Aussicht** belohnt. *Knowe* ist das schottische Wort für einen kleinen Hügel, es handelt sich – wie bei Blackhammer 60 – um ein *stalled cairn* vom **Orkney-Cromarty-Typ** (s. S. 112). In dem rund sieben Meter langen Grab fand man die Überreste von 29 Menschen und 17 Köpfe, die separat gelagert waren, ebenso Tierknochen von Rotwild. Auch hier kann man aufrecht eintreten.

62 Midhowe Chambered Cairn ★★★ [C4]

Etwa auf der Höhe des Westness House beginnt der **Westness Heritage Walk** auf den Spuren der archäologischen Sehenswürdigkeiten Rousays. Vom **Parkplatz** oberhalb von Midhowe führt ein längerer Weg bergab. Auf dem Küstenstreifen mit Blick auf Mainland und die Insel Eynhallow (s. S. 72) reihen sich frei zugänglichen die Relikte verschiedener Jahrtausende aneinander.

Midhowe ist ebenfalls ein *stalled cairn* des **Orkney-Cromarty-Typs** (s. S. 112). Die schieren Ausmaße der 32,5 Meter langen jungsteinzeitlichen Grabkammer sind erstaunlich. Sie wird deshalb auch „Schiff der Toten" genannt. Der Bau ist heute von einer großen **Halle** umgeben, die ihn vor den Naturgewalten schützt. Ein **Steg** führt oberhalb des Grabes entlang, sodass man einen guten Einblick in die Bauweise mit Trockensteinmauern und abgrenzenden, aufrecht stehenden Platten gewinnt. Die Außenmauern wurden im **Fischgrätenmuster** angeordnet.

053or-nh

Die **Skelette** von neun Menschen befanden sich in den Seitenkammern, in der Hocke sitzend und mit Blickrichtung in den Mittelgang. Es wird angenommen, dass die Stätte für rituelle Zwecke genutzt wurde, bei denen die Toten eine Rolle spielten. Nach dem Verwesen wurden die Knochen neu angeordnet, insbesondere wurde der Schädel vom Körperskelett getrennt.

63 Midhowe Broch ★★★ [C4]

Wenige Schritte neben dem Kammergrab von Midhowe 62 stehen die beeindruckenden Reste dieses noch gut erhaltenen **eisenzeitlichen Rundturms.** Steht man vor dem Eingang, eröffnet sich ein schöner Blick über die Insel Eynhallow (s. S. 72) bis hinüber nach Rousay, wo man fast auf gleicher Höhe mit dem Broch of Gurness 34 steht.

Der heute rund vier Meter hohe Midhowe Broch ist von weiteren kleineren **Nebengebäuden** umgeben, hat einen sichtbaren Befestigungsring und steht zwischen zwei Felsspalten, die so etwas wie einen natürlichen Wassergraben bildeten. Der Innenbereich im Erdgeschoss ist erkennbar in zwei Räume unterteilt, die beide eine Herdstelle hatten. Noch vorhanden ist ferner der untere Teil einer **Steintreppe**, die einst in die oberen Stockwerke führte. Die hiesigen **Zisternen** wurden direkt aus einer Quelle gespeist.

Bei **Ausgrabungen** entdeckte man viele Gegenstände des täglichen Lebens wie Werkzeuge aus Knochen und Metall. Unter den Töpferwaren fanden sich auch etliche römischen Ursprungs.

Insgesamt reihten sich an dem Küstenstreifen ganze elf Brochs aneinander, was darauf schließen lässt, dass der Eynhallow Sound während der Eisenzeit eine wichtige Verkehrs- und vielleicht sogar Handelsachse war.

⌃ *Die Grundmauern des Midhowe Broch vermitteln noch einen Eindruck vom Leben in der Eisenzeit*

64 Knowe of Swandro ★★★ [C4]

Südlich von Midhowe führt ein kleiner, überwachsener Pfad oberhalb des felsigen Ufers zu den dachlosen, moosbewachsenen Überresten der **St. Mary's Church** aus dem 17. Jh. Dahinter befinden sich die Ruinen von **The Wirk**, einer Halle aus Wikingerzeiten, die Sigurd of Westness zugeschrieben wird. Anschließend passiert man die Überreste der **Skaill Farm** aus dem 18. Jh.

An der **Bay of Swandro** erreicht man schließlich die **Ausgrabungsstätte** Knowe of Swandro, die aus einem neolithischen Grab, Brochs (Türmen) aus der Eisenzeit, piktischen Häusern und einer Wikingersiedlung besteht. Man fand ferner Hinweise auf Bootsbestattungen zu Wikingerzeiten.

Die meisten Gebäude sind nur bei **niedrigem Wasserstand** im Sommer zu sehen. Die Archäologen versuchen dann, so viele Daten wie möglich zu sammeln, denn die wahrscheinlich größte Ansammlung historischer Bauten Orkneys wird hier langsam vom Wasser verschluckt. Es ist ein Wettlauf gegen die Zeit.

› www.swandro.co.uk, Ausgrabungen Juli–Aug. täglich

65 St Magnus Church, Egilsay ★★ [E4]

Die östlich von Rousay liegende Insel **Egilsay** wurde in der **Orkneyinga Saga** (s. S. 113) als der Ort verewigt, an dem **Magnús Erlendsson** im Auftrag seines Cousins Håkon Paulsson gemeuchelt wurde (s. S. 18). Gemäß der Überlieferung versuchte Magnus noch, sich in die hier stehende kleine Kapelle zu retten, aber es war umsonst.

Nach seinem Tod wurde noch im 12. Jh. eine neue Kirche erbaut, die sich zu einer **Pilgerstätte** entwickelte. Heute ist sie als **Ruine** erhalten, deren markanter **Rundturm** 15 Meter in die Höhe ragt.

In Egilsay beginnt der Wanderweg **St Magnus Way** (s. S. 97). Die Kirche steht unweit des Fähranlegers.

› **Anfahrt:** mit der Tingwall Ferry (s. S. 71), dann zu Fuß

› KW172QD, www.historicenvironment.scot/visit-a-place/places/st-magnus-church-egilsay

Pilgerstätte: die St Magnus Church auf Egilsay, wo der heilige Magnus (s. S. 18) ermordet wurde

66 Cubbie Roo's Castle, Wyre ★ [D5]

Auch auf der winzigen **Insel Wyre** südlich von Rousay haben schon in der Vorzeit Menschen gelebt. Sie ist vor allem wegen der **Wikingerburg** Cubbie Roo's Castle bekannt, die um 1150 von dem Norweger **Kolbein Hrúga** erbaut wurde. Die Festung, die heute eine **Ruine** ist, wird in der **Orkneyinga Saga** (s. S. 113) erwähnt. Sie war angeblich so uneinnehmbar konstruiert, dass sie unten keinen Eingang hatte und man nur über eine Leiter hinein- und herausklettern konnte.

› **Anfahrt:** mit der Tingwall Ferry (s. unten), dann zu Fuß
› KW172QA, www.historicenvironment.scot/visit-a-place/places/cubbie-roos-castle-and-st-marys-chapel

Anreise

› **Fähre ab Tingwall:** Bus Nr. 6 fährt von Kirkwall 1 zum Tingwall Ferry Terminal (s. S. 44) in der Gemeinde Rendall auf Mainland. Die Fähre verkehrt dreimal tägl., die direkte Fahrt nach **Rousay** dauert 35 Min. Dieselbe Fähre legt auch mehrmals täglich auf den kleineren Inseln **Egilsay** und **Wyre** an, wenn Passagiere dort gebucht sind (Fahrzeit je ca. 15 Min.). Da sie nur eine Ladeklappe hat, muss man mit dem Auto rückwärts auffahren. Man sollte rechtzeitig buchen. In Rousay gibt es einen Warteraum mit Toiletten und ein kleines Besucherzentrum mit Infotafeln.

Infos und Reisetipps

› **www.visitrousay.co.uk**
› **The Cottage** <112> Brinian, KW172PU, Tel. 01856 850176, www.rspb.org.uk/reserves-and-events/reserves-a-z/trumland. Die Organisation RSPB bietet vom Cottage aus geführte Wanderungen durch das Vogelschutzgebiet in Trumland an.
› **Trumland Farm Bicycle Hire** <113> Brinian, KW172PU, gegenüber vom Trumland House an der B9064, Tel. 01856 821252. Wer kein eigenes Fahrrad auf die Insel mitgebracht hat, kann sich hier eins ausleihen.

Unterkünfte

› **Rousay Hostel & Campsite,** siehe Trumland Farm Bicycle Hire (s. oben), www.scottish-hostels.com/business-listings/rousay-hostel, Tel. 01856 821252. Kleines Hostel mit 11 Betten und Camping-Stellplätzen auf einer hügeligen Wiese hinter dem Haus. Die Anlagen sind von sehr einfachem Standard.
› **The Taversoe** £ <114> Gripps, an der Südküste von Rousay, KW172PT, Tel. 01856 821325, www.taversoehotel.co.uk. Wer sich hier einquartiert hat, wird von der Fähre abgeholt und ihm wird ein Platz im Restaurant für das Mittag- und Abendessen reserviert. Die großen, behaglich gestalteten Zimmer haben alle Meerblick.

MEIN TIPP

Rundwanderung bei Faraclett

Die **Nordostküste** Rousays wartet bei **Faraclett** [D4] mit hohen Klippen auf. Von der **B9064** biegt man nach dem Aussichtspunkt bei **Swartafiold** scharf links in Richtung **Faraclett Cottage** ab. Von dort ist der Rundwanderweg gut ausgeschildert. Er verläuft zwar nicht direkt an den stark abfallenden Klippen, die von Erosion bedroht sind, aber die **Fernsicht** bis zur Insel Westray ist dennoch beeindruckend.

› **Wanderroute:** 3,5 km, 1–1½ Std., www.walkhighlands.co.uk/orkney/faraclett-head.shtml

Die mystische Insel Eynhallow

Von Rousay blickt man auf das nur 75 ha kleine, unbewohnte Eiland Eynhallow im Eynhallow Sound. Um die von Stromschnellen umgebene Insel ranken sich zahlreiche Mythen. Der Inselname stammt aus dem Altnorwegischen und bedeutet „Heiliges Eiland". Auf Eynhallow soll das **Finfolk** gelebt haben, bösartige amphibische Fischmenschen, die zaubern konnten. Die Legende entstammt dem norwegischen Sagenschatz, wo das Finfolk ebenfalls verwurzelt ist.

Da in den tückischen Gewässern rund um Rousay und Eynhallow immer wieder Menschen ertranken bzw. spurlos verschwanden, glaubte man, die Fischmenschen hätten diese Menschen entführt, um sie zu versklaven. Sie sollen auf einem Eiland gelebt haben, das unsichtbar werden konnte. Tatsächlich können im Sund bei bestimmten Wetterverhältnissen Nebel entstehen, die Eynhallow vollkommen einhüllen, was diese Legende sicherlich beflügelte.

Auf der Insel stehen die Überreste einer Klosterkirche aus dem 12. Jh., die in der Orkneyinga Saga (s. S. 113) erwähnt wird. Man entdeckte sie, als der Inseleigentümer Lord Balfour Eynhallow im Rahmen der Highland Clearances 1851 räumen ließ. Heute nisten hier geschützte Kolonien der Eissturmvögel.

Die Insel lässt sich mit einem privaten Charterboot von Tingwall aus erreichen. Für Anfragen wende man sich an:

› **LV Charters,** Tel. 07919335808, www.lvcharters.com/unguided-trips-eynhallow, Preis auf Anfrage

Essen und Trinken, Einkaufen

› **Marion's Shop and Filling Station** <115> House Bay Essaquoy, KW172PR, Mo/Mi/Fr 14 -17, So 14-16 Uhr. In dem kleinen Shop an der B9064 im Nordosten Rousays gibt es Lebensmittel und draußen eine Tankstelle.

› **Rousay Post Office** <116> Tou Cottage, Wasbister, KW172PS, Mo-Sa 9-10.30 Uhr, Postfiliale im Inselnorden

› **The Crafthub** <117> The Pier, KW172PU, Tel. 01856 821359, www.crafthuborkney.com, April-Sept. 11-17.30 Uhr. Oberhalb des Fähranlegers werden Kunsthandwerksartikel verkauft und es gibt ein kleines Café.

› **The Taversoe** (s. S. 71), Mai-Okt. Lunch 12-14, Dinner 18-21 Uhr, Bar Fr. 18-11, Sa 12-23, So 12-23 Uhr. Hotelrestaurant und Bar mit Sitzplätzen auf der Terrasse, die Aussicht aufs Wasser bieten. Reservierung empfohlen.

Stronsay

Stronsay ist auch als Isle of Bays („Insel der Buchten") bekannt: Auf dem grünen Eiland in der Form eines Seesterns gibt es etliche reizvolle Strandbuchten. Selbst im Inselinneren ist man selten mehr als fünf Kilometer vom Wasser entfernt.

Hier geht alles entspannt seinen Gang und dieser Lebensrhythmus wirkt ansteckend. Wegen seiner flachen Struktur eignet sich das Eiland gut zum **Radfahren und Wandern.** Dabei bieten Felsformationen wie der Felsenbogen **Vat of Kirbister** 69 Abwechslung fürs Auge. Außerdem kann man eine Reihe sehr seltener **Zugvögel** beobachten.

Im charmanten Örtchen **Whitehall** erinnert der alte **Fish Mart** (s. S. 75) an das 19. Jh., als Stronsay von der

Heringsfischerei lebte. Zuvor war die Insel eine Hochburg der **Kelp-Produktion aus Seetang** (s. S. 115). 1722 gründete James Fea hier die erste Manufaktur für dessen Verarbeitung.

Zwei kleine Inseln liegen vor der Küste Stronsays: im Süden die Aussteigerinsel **Auskerry** [G6] mit ihren North-Ronaldsay-Schafen (s. S. 89) und im Norden **Papa Stronsay** [G4] mit dem Kloster einer katholischen Ordensgemeinschaft.

67 Stronsay Pop Up Heritage Centre ★ [G4]

Whitehall besitzt nicht nur einen, sondern gleich zwei Piers. Sie gehen, ebenso wie der lang gestreckte Ortskern und das Viertel Lower Whitehall, auf die Zeit des **Heringsbooms** im 19. Jh. zurück, als die Einwohnerzahl Stronsays auf 5000 anwuchs. Jeweils zur Sommersaison strömten junge Männer und Frauen hierher, um die Chance zu nutzen, gutes Geld zu verdienen. Ähnlich wie in Stromness 12 sprossen damals Pubs und Läden aus dem Boden, um die vielen Menschen zu versorgen. Es gab sogar ein Kino. Der Boom dauerte jedoch nur wenige Jahre, bis sich die Heringsströme weiter nach Süden verlagerten. Wer mehr über das Thema erfahren möchte, der sollte dem kleinen **Museum** einen Besuch abstatten.

› Unit 1, Woods Yard, Whitehall, KW172AR, Tel. 01857 616410, www.orkneycommunities.co.uk/sdt (unter „Heritage"), tägl. 9–18 Uhr, Eintritt frei

68 St John's Hill ★ [G4]

Von Whitehall auf der B9062 in Richtung Norden gelangt man zur **höchsten Erhebung Stronsays**, dem St John's Hill mit gerade einmal 46 Metern Höhe. Von oben genießt man einen guten **Rundumblick** auf die Insellandschaft. In Richtung Westen schaut man auf die kleine, unter Naturschutz stehende Insel **Linga Holm** [F5] (auch Midgarth), wo sich Kolonien der **Kegelrobbe** tummeln.

69 Vat of Kirbister ★★★ [G5]

Die **Küste** an der Südostseite Stronsays ist geprägt von außergewöhnlichen Felsformationen wie dem **Steinbogen** Vat of Kirbister. Der Bogen ist rund zehn Meter lang und zwanzig Meter hoch und entstand durch den Einsturz einer Höhle.

Ein **Rundweg** führt von der Odiness Bay um die Landzunge Lamb Head. Nachdem man den Vat of Kirbister bewundert hat, folgt man der Küste bis **Burgh Head.** Dort befindet sich **The Brough** auf einem vom Land abgebrochenen Felsen. Hier lebten einst christliche Mönche als Einsiedler. Im Sommer kann man hier **Papageientaucher** beobachten. Weiter geht es rund um **Lamb Head.**

Entweder nimmt man nun denselben Weg wieder zurück oder man wandert in westliche Richtung, bis man die **Bay of Houseby** halb umrundet hat. Dann biegt man landeinwärts ein und wandert zurück mach Blinkbonny und weiter bis zur Kirbuster Farm entlang der Straße.

› **Anfahrt:** Zum Ausgangspunkt fährt man auf der B9060 in Richtung Süden bis Blinkbonny, dann links unterhalb von Meikle Water, rechts in Richtung Küste und dann wieder rechts bis zum Parkplatz bei der Kirbuster Farm. Durch ein *kissing gate* (einen speziellen Weidezaun) betritt man den Wanderweg zur Küste.

› **Wanderroute:** ca. 10 km, ca. 4 Std., www.walkhighlands.co.uk/orkney/vat-of-kirbuster.shtml

Stronsays Buchten und Strände

Drei große Buchten bestimmen die Inselmitte: die **Bay of Holland** [G5] im Süden, **St Catherine's Bay** [F–G5] im Westen und **Mill Bay** [G5] im Osten. Wer mit dem **Fahrrad** unterwegs ist, kann von Bucht zu Bucht zu fahren und die Aussicht auf die Nachbarinseln genießen. Südlich von Whitehall [G4] befindet sich der Stadtstrand **Ayre of Myres.** Ein Stück weiter öffnet sich die schier endlose **Mill Bay.** In ihrer Mitte befindet sich eine Felsformation namens **Mermaid's Chair** („Meerjungfrauenstuhl"). Der Legende nach kann derjenige, der hier Platz nimmt, in die Zukunft schauen. Auf der Westseite der Insel, nur wenige Kilometer entfernt, lädt die weite **St Catherine's Bay** zu einem Besuch ein. Erfrischungen gibt es im nahen Laden **Craftship Enterprise** (s. S. 64).

An der felsigen Küste Stronsays lockt der Steinbogen Vat of Kirbister 69

Weiter südlich lockt **Rothiesholm Sand** [G5] an Stronsays Westküste, einer der größten und beeindruckendsten Sandstrände der Insel.

Anreise

- **Fähre:** tägl. zwei- bis dreimal, Fahrzeit 1½ Std. Die Fähre pendelt zwischen Kirkwall 1, Eday und Stronsay. Nimmt man die erste Fähre des Tages und die letzte Fahrt zurück, kann man einen Tagesausflug unternehmen (außer Mo u. Fr).
- **Flugzeug:** von Kirkwall zweimal tägl. zum Stronsay Airport [G4] im Inselnorden, Flugzeit: Hinweg 9 Min., Rückweg 20 Min.

Infos und Reisetipps

- **https://visitstronsay.com**
- **Auto/Taxi:** Don Peace, Tel. 01857 616335
- **Minibus Maurice Williamson,** Tel. 01857 616255
- **Leihfahrräder:** Räder und E-Bikes kann man im Laden von Ebenezer Stores (s. S. 75) kostenlos ausleihen.

091or-dt©Braes/Dieter Lion | Dreamstime.com

Unterkünfte, Essen und Trinken

- **Storehouse B&B** ££ <118> Whitehall, KW172AR, Tel. 01857 616263, auf Facebook. Gemütliche, zentral gelegene Pension mit liebevoll zubereitetem Frühstück. Abendessen wird auf Wunsch ebenfalls serviert.
- **Stronsay Fish Mart Hostel & Cafe** £ <119> Whitehall, KW172AR, Tel. 01857 616401, https://stronsaycafehostel.weebly.com, Mo/Mi–Fr 7–16, Sa 9–14, So 10.30–14.20 Uhr. Die einstige Fischmarkthalle beherbergt heute ein kleines Hostel und ein öffentliches Café, in dem man Panini, Backkartoffeln, Kuchen und Dessert sowie Frühstück bestellen kann. Im Hostel gibt es 4 Zimmer mit Stockbetten und eine moderne Gemeinschaftsküche.

Einkaufen

Lebensmittel

- **Ebenezer Stores** <120> Whitehall, KW172AR, Mo–Sa 7.30–19.30, So 10–13 Uhr. Geschäft für Lebensmittel, auch Tiefgefrorenes und Souvenirs. Hier befindet sich ferner die Post (Mo–Sa 8.30–17 Uhr).
- **M. A. Williamson General Merchant** <121> Olivebank, KW172AF, an der B9060 südlich von Mill Bay, Mo–Sa 8.30–18.30 Uhr. Supermarkt, Baumarkt und Tankstelle in einem. Der Metzger des Ortes hat hier ebenfalls seinen Sitz, daher gibt es frisch gemachte *pies* und *pasties*, an bestimmten Tagen werden Fish and Chips serviert.

Kunsthandwerk

Mehrere Kunsthandwerk-Ateliers sind Teil des **Stronsay Craft Trails.** Die Produkte, darunter hübsche Glaskunst von Selkie Glas, kann man im Laden von Craftship Enterprise oder direkt im Atelier kaufen.

- **Airy Fairy** <122> Airy Farm, Whitehall, KW172AG, www.airyfairyonline.co.uk. Attraktive handgefertigte Quilts und Kinderkleidung.
- **Craftship Enterprise** <123> Mallett, KW172AE, www.facebook.com/craftshipenterprise. Besuch nur nach vorheriger Anmeldung.
- **Marion Miller Jewellery** <124> Blinkbonny, KW172AF, www.marionmiller-jewellery.com. Von Muscheln, Treibholz und dem Meer ist der hier gefertigte Schmuck inspiriert.
- **Orkney Star Island Soap & Textiles** <125> Isles View, KW172AG, https://orkneystarislandsoap.co.uk. Wohlriechende Seifen und Balsame, dazu Textilien wie Schals und Wandbehänge.

Eday

Das schmale, lang gestreckte Eiland mit nur 150 Einwohnern hat eine relativ geschützte Lage inmitten der North Isles. So kann man von überall auf Eday auf die Nachbarinseln blicken.

Eday war bereits im **Neolithikum** besiedelt. Später profitierte man vom **Torfreichtum** in der Moorlandschaft und von gelbem **Sandstein**, der als Baumaterial begehrt war. Beides wurde in großen Mengen exportiert. Der Stein wurde etwa beim Bau der St Magnus Cathedral 4 in Kirkwall genutzt. Auch *kelp* (s. S. 115) wurde auf Eday hergestellt und es wurde Salz gewonnen.

Im Norden befinden sich die meisten prähistorischen Stätten, die sich im Rahmen des **Eday Heritage Trail** (s. S. 76) erkunden lassen. Die dichteste Infrastruktur findet man ebenfalls im Norden, während die **Fähre** im Süden anlegt. Nordwestlich ist die kleine Insel **Calf of Eday** vorgelagert, die sich leider nur mit einem privaten Boot besuchen lässt (s. S. 77).

Edays Moorlandschaft ist ein bekanntes **Vogelbrutgebiet.** Die westlich zu findende, unbewohnte Insel **Faray** ist mit **Seehunden** bevölkert. Die Gewässer rund um Eday sind aufgrund der **Gezeitenströme** mit Vorsicht zu befahren. In der Meerenge **Fall of Warness** auf der Südwestseite der Insel wird mithilfe eines **Gezeitenkraftwerks** Strom erzeugt, der zur Herstellung von Wasserstoff als Kraftstoff der Zukunft dient.

Eday eignet sich perfekt zum **Radfahren,** denn die 14 km lange Insel besitzt ein Netz aus kleineren befestigten oder betonierten Wegen. Von Nord nach Süd verläuft die **B9063.**

MEIN TIPP

Eday Heritage Trail

In Hammarhill im Norden Edays finden sich die **prähistorischen Sehenswürdigkeiten** der Insel, die man im Rahmen des Eday Heritage Trail erwandern kann.

Auf Höhe des **Post Office** biegt man von der B9063 links zum **Mill Loch** ab, einer Brutstätte für den ungewöhnlichen Rothalstaucher. Kurz hinter dem See biegt man rechts nach Norden ab und erreicht den Menhir **Stone of Setter** sowie die drei Kammergräber **Braeside, Huntersquoy** und **Vinquoy.** Da die Ausgrabungen lange zurückliegen, sind die Stätten mit Gras überwachsen und nur noch schwer zu erkennen. Danach geht es bergan auf den 76 m hohen **Vinquoy Hill.** Wer möchte, kann noch entlang der Westküste bis zur Landspitze **Red Head** wandern. Ansonsten biegt man rechts in Richtung **Leuchtturm** ab und wandert bis zum **Carrick House** 72.

› **Wanderroute:** ca. 10 km, ca. 3–3½ Std., www.walkhighlands.co.uk/orkney/eday-heritage-walk.shtml

70 Isthmus of Eday ★★ [F4]

Eday besitzt ungefähr in der Inselmitte eine **Landenge,** einen sogenannten Isthmus. Hier, an ihrer schmalsten Stelle, ist die Insel lediglich 500 Meter breit.

Die Buchten, die sich links und rechts an den Isthmus schmiegen, sind landschaftlich besonders reizvoll. Auf der Westseite erstrecken sich die **Bay of Doomy** und die **Ferness Bay,** auf der Ostseite die **Bay of London.** An allen Stränden lässt es sich gut spazieren. Allerdings verläuft die **Landebahn des Flughafens,** der übrigens den Namen „London Airport" trägt, mitten hindurch, lediglich abgetrennt durch ein Gatter. Man sollte daher vorher den Flugplan von Logan Air prüfen, um nicht von einem Flugzeug überrascht zu werden, wenn man gerade die Landebahn überquert.

71 Eday Heritage Centre ★ [F4]

In einer ehemaligen **Baptistenkapelle** nördlich des Flugplatzes ist dieses **Heimatmuseum** untergebracht, das sich auch mit modernen Themen wie dem Gezeitenkraftwerk des European Marine Energy Centre (EMEC) beschäftigt. Im ersten Stock gibt es ein **Inselarchiv** und im Erdgeschoss ein **Cafe.** Wenn dieses geschlossen ist, kann man sich mit einem Wasserkocher Tee und Kaffee selbst zubereiten.

Teil des Museums ist die **North School** mit einem **Schulmuseum** aus dem 19. Jh. und einem Nachbau des U-Bootes **HMS Otter** aus dessen Wrackteilen.

› KW172AB, Tel. 01857 622283, auf Facebook, April–Okt. tägl. 9–17.30, Nov.–März So 10–17 Uhr, Eintritt frei

72 Carrick House ★★ [F3]

Der Bruder des Earls **Patrick Stewart** (s. S. 114) wurde 1632 Eigentümer von Eday und ließ das Carrick House bauen. Im 18. Jh. war das Haus in das Eigentum von **James Fea** übergegangen, einem Schulfreund des Piraten **John Gow** (1698–1725) aus Stromness 12. Gow hatte in Genua ein Schiff gekapert, dass er in *Revenge* („Rache") umbenannt hatte. 1725 kehrte Gow auf der Flucht vor den Behörden nach Orkney zurück. Nachdem er mit seinen Mannen die **Hall of Clestrain** (s. S. 47) ausgeraubt hatte, wollte er bei James Fea untertauchen. Sein Schiff lief jedoch bei der Insel Calf of Eday auf Grund und so wurde er nach London ins Gefängnis gebracht. Beim Hängen riss der Strick und Gow starb einen grausamen Tod. Die Schriftsteller Daniel Defoe und Sir Walter Scott verarbeiteten die Geschichte in ihren Texten.

Im Sommer kann man das Haus im Rahmen einer **geführten Tour** besichtigen.

› Calfsound, Bay of Carrick, Tel. 01857 622260, www.eday.orkney.sch.uk/tourism/carricktour/index.htm, Touren 2,50 £, Termin nach Vereinbarung

Anreise

› **Fähre:** Eday wird im Rahmen des Rundservice Eday – Stronsay – Sanday von Kirkwall 1 aus zwei- bis dreimal tägl. angefahren. Direkte Verbindung 1 Std. 15 Min., via Sanday 2 Std., via Stronsay 2½ Std. Das Fährterminal liegt im Süden der Insel, es gibt keinen Shuttlebus.

› **Flugzeug:** einmal wöchentlich zwei Flüge, Flugdauer ohne Zwischenstopp 10 Min., sonst 35 Min. Der Eday London Airport [F4] liegt am Isthmus 70 in der Inselmitte.

Infos und Reisetipps

› **https://visiteday.wordpress.com**

› **Taxiservice John Booth,** Tel. 01857 622206. Wer mit der Fähre anreist und einen Shuttle benötigt, sollte rechtzeitig im Voraus buchen.

› **Eday Loch Adventures,** Tel. 07739286350, Touren und Autovermietung auf Anfrage

› **Bootstrip zum Calf of Eday,** Hamish Thomson, Tel. 01857 6222322

Unterkünfte, Essen und Trinken

› **Eday Community Hostel** £ <126> London Bay, KW172AB, Tel. 07977281984, www.hostellingscotland.org.uk/hostels/eday. Einfaches, aber gut ausgestattetes Hostel mit Campingmöglichkeit auf der Wiese. Es gibt zwei elektrische Anschlüsse für Wohnmobile. Der Strom kommt von der nahen Windturbine, die laut sein kann.

› **Roadside Public House and B&B** ££ <127> KW172AA, Tel. 01857 622303, Sommer Mo–Do 19–23, Fr/Sa 19–1, So 20–22.30, Winter Do 19–23, Fr/Sa 19–1, So 20–22.30 Uhr. Im Süden der Insel befindet sich dieses B&B mit einfachen Zimmern, das gleichzeitig als Restaurant und Pub fungiert.

› **The Ruah** ££ <128> KW172AA, Tel. 01857 622262. Kleines Cottage im Südosten der Insel, unweit des Fähranlegers. Gut ausgestattet mit Aussicht auf die See und WLAN.

Einkaufen

› **Eday Shop** <129> nahe der Mill Bay an der B9063, KW172AB, Mo 10.30–13.30, Di 9–13, Mi 17–20, Do 9–13, 17–20, Fr 14–19, Sa 10–14, So 13–15 Uhr. Gute Auswahl an Lebensmitteln und Gegenständen des täglichen Bedarfs.

Sanday

Mit ihren Stränden macht die „sandige" Insel Sanday ihrem Namen alle Ehre. In den Buchten mit feinkörnigem, weißem Sand erwärmt sich das flache Wasser im Sommer mitunter so weit, dass man sich fast in die Karibik versetzt fühlt – wäre da nur nicht der kalte Wind.

Etwa 550 Menschen leben auf Sanday. Die **Infrastruktur** ist besser als auf vielen benachbarten Eilanden. Auf der langen, schmalen Insel mit ihren unzähligen **Buchten** (s. S. 79) ist man praktisch überall nah am Wasser. Neben Vögeln, Fischottern und Seehunden begeben sich auch Walrosse hin und wieder an die Strände.

Auf Sanday gibt es keinen richtigen Hauptort. Die zwei im Zentrum liegenden Siedlungen **Kettletoft** [G3] und **Lady Village** [G3], beide in der Nähe des **Flughafens,** bestehen aus wenig mehr als ein paar Häusern. In Kettletoft stehen die beiden Inselhotels mit angeschlossenem Restaurant bzw. Pub und es gibt einen **Hafen** für Fischerboote, in den sich auch der eine oder andere Seehund verirrt.

Obwohl es auf Sanday viele **archäologische Stätten** aus der Vorzeit gibt, sind die meisten inzwischen von Gras überwachsen und kaum noch sichtbar. Die Landschaft weist nur wenig Höhenunterschiede auf und eignet sich daher gut zum **Radfahren.**

Vom Fähranleger im Südwesten führt die **B9070** zur Inselmitte bei Broughtown. Von dort verläuft die **B9068** in Richtung Süden nach Kettletoft und in Richtung Norden nach Burness. Die **B9069** erschließt den Osten der Insel.

73 Sanday Heritage Centre ★★ [G3]

Das kleine **Heimatmuseum** ist in der **Temperance Hall** untergebracht, der Versammlungshalle der einstigen Abstinenz- bzw. Temperenzbewegung. Diese geht zurück auf die 1920er-Jahre, als die Prohibition in Kraft war. Das Museum bietet anhand von Möbeln, Handwerksgegenständen und Infotafeln einen Einblick in das historische Leben auf der Insel. Die Hauptsehenswürdigkeit ist der **Appiehouse Stone** aus dem 9. Jh., eine Stele mit piktischen Symbolen, die in der Nähe bei einer Hausrenovierung gefunden wurde.

› Lady Village, KW172BW, www.sanday.co.uk/index.php/history-and-heritage/the-heritage-centre, Tel. 01857 600724, Mi–Fr 14–16.30, Sa 9.30–12.30, 14–16.30, So 9.30–12.30 Uhr, Eintritt frei

◁ Die Strände Sandays, hier Whitemill Bay [G2], erinnern an die Karibik

74 Cata Sand und Tresness ★★★ [G3]

Sanday ist außergewöhnlich schmal, im Landschaftsbild herrschen **Dünen** vor. Tatsächlich wurde und wird die Insel durch Wind und Wellen geformt: Auf flachen Schären bildeten sich durch den von starken Winden beförderten Sandtransport die Dünen, auf denen sich nach und nach Pflanzen ansiedelten. Eine der beeindruckendsten Dünenlandschaften findet man im Süden der Insel zwischen der **Lagune Cata Sand** und der vorgelagerten **Halbinsel Tresness** (auch Tres Nes) – hier erstreckt sich ein **lang gezogener Dünenstreifen** mit Dünengräsern und weißem Sand zwischen dem Wasser der Lagune und der Nordsee.

Bei einem Spaziergang um Cata Sand stießen Archäologen 2015 auf **Ruinen einer neolithischen Siedlung,** die auf die Zeit um 3300–3400 v. Chr. datieren. Wie auch auf Westray und Rousay sind diese infolge des ansteigenden Meeresspiegels akut bedroht. Jeden Sommer finden hier **Ausgrabungen** gegen die Zeit statt.

Auf der Landzunge von **Tresness** gibt es ein **Kammergrab,** das sich an die Südspitze der Felsen klammert. Weiter im Inneren steht der verfallene **Broch of Wasso,** ein Rundturm aus der Eisenzeit.

Eine knapp zehn Kilometer lange **Wanderung** beginnt an der B9069 östlich von Lady Village und Cata Sand bei Brickie Hut. Die Strecke führt durch teils unwegsames Gelände, aber mit durchweg **spektakulärer Aussicht** auf Dünen und Meer. Oberhalb der Lagune oder direkt über den Strand wandert man entlang der Küste nach Süden, bis man die Spitze der Halbinsel Tresness erreicht hat. Auf demselben Weg geht es wieder zurück.

› **Ausgrabungen:** www.swandro.co.uk/cata-sands-discovery
› **Wanderroute:** ca. 9,5 km, 3 Std., www.walkhighlands.co.uk/orkney/tres-ness.shtml

75 Quoyness Chambered Cairn ★★ [G3]

Auf der **Halbinsel Elsness,** wenige Kilometer südlich von Lady Village, befindet sich dieses hervorragend erhaltene jungsteinzeitliche **Kammergrab.** Zu der Anlage des **Maeshowe-Typs** (s. S. 112) gelangt man über die schmale Landzunge von **Quoyayre** und geht dann südlich bis zum Ende des Weges. Das beeindruckende, vier Meter hohe Grab mit sechs Seitennischen war 3000–2500 v. Chr. in Benutzung. Archäologen fanden Skelette, Tierknochen, Steinwerkzeuge und Tonwaren im ähnlichen Stil wie in Skara Brae 18 auf Mainland.

› am besten zu Fuß oder mit dem Fahrrad erreichbar, frei zugänglich

Sandays Buchten und Strände

Östlich von Burness erstreckt sich der Strand der **Whitemill Bay** [G2], der am Westende in schroffe Klippen übergeht. Von hier aus blickt man zur Insel North Ronaldsay.

Im Süden des Landstrichs, wo die B9068 auf die Landstraße nach Otterswick trifft, gelangt man zur **Otterswick Bay** [G2] am North Ronaldsay Firth. Trotz des Namens, der auf Otter schließen lässt, ist der Strand vor allem bei **Seehunden** beliebt.

Am Südzipfel der Insel ist die kleine Bucht **Doun Helzie** [F–G4] einen Besuch wert. Unterhalb hoher Dünen verstecken sich am Fuß der Klippen **höhlenartige Gänge,** die das Meer in die Felsen gefressen hat.

- **Anfahrt Doun Helzie:** Von der B9070, die den Fähranleger Loth mit dem Rest der Insel verbindet, biegt man östlich zur Stove Farm ab, wo man in der Nähe bei einem Elektrizitätswerk halten kann. Von dort aus geht es nach Osten durch die Landschaft zur Bucht.

Anreise

- **Fähre:** dreimal wöchentlich (Di/Do/Fr) ab Kirkwall 1, direkte Route 1½ Std., via Eday 2 Std. Der Fährhafen liegt in Loth [F4] am Südende der Insel.
- **Flugzeug:** Mo–Fr zweimal tägl. ab Kirkwall, Sa/So einmal tägl., Dauer 15 Min., Flughafen in der Inselmitte

Infos und Reisetipps

- **www.visitsanday.com**
- **Sanday Bus,** Tel. 07513084777, Abholservice von der Fähre, muss am Vorabend gebucht werden
- **Taxi,** Ayres Rock, Tel. 01857 600410
- **Sanday Experience,** Tel. 07513084777, geführte mehrstündige Exkursion (Erw. ab 40 £) zu den Highlights von Sanday
- **Sanday Nature Tours,** Emma Neave-Webb, Tel. 01857 600289, auf Facebook. Touren oder Exkursionen durch die Natur Sandays mit verschiedenen Themenschwerpunkten.

Unterkünfte

- **Verzeichnis der Unterkünfte:** https://sandaydt.org/directory
- **59 Degrees North** (s. rechts), gut ausgestattete Wohnmobilstellplätze
- **Ayres Rock Hostel and Campsite** £ <130> Coo Road, KW172AY, Tel. 01857 600410, www.ayres-rock-hostel-orkney.com. Eine Mischung aus Hostel, Campingplatz und voll ausgestatteter Ferienwohnung, alle mit Blick auf die Bay of Brough. Auch kleine Campinghütten.
- **Orkney Retreats** £££ <131> Backaskaill, KW172BA, Tel. 07764449198, www.orkneyretreats.co.uk. Westlich von Kettletoft an der Stove Bay gelegenes luxuriöses Farmhouse mit offenem Kamin. Auch ein schlichteres, voll ausgestattetes Cottage buchbar.

Essen und Trinken

- **59 Degrees North** <132> Whistelbrae, KW172AZ, www.59-degreesnorth.co.uk, Tel. 01857 600260, Mo–Mi 9–17, Do–Sa 9–22 Uhr. Pizza aus dem Holzofen und andere leckere Backwaren.
- **Restaurant des Kettletoft Hotel** <133> KW172BJ, Tel. 01857 600217, Facebook: KettletoftHotelSanday, Restaurant mit Take-Away-Angebot für Fish and Chips sowie Burger (Mi/Fr/Sa 16.30–20 Uhr).
- **The Belsair** <134> Kettletoft, KW172BJ, Tel. 01857 600206, Facebook: belsair hotel. Das Restaurant des Hotels offeriert britische Standards und Speisen zum Mitnehmen (Fisch nur in frittierter Form). Mittags Lunchservice und nachmittags Afternoon Tea mit guten Scones.

Einkaufen

- **Sanday Community Shop** <135> Lady Village, KW172BW, auf Facebook, Mo–Fr 9–20, Sa 9–17.30, So 13–16 Uhr. Kleiner Shop mit guter Auswahl an Frischwaren, mehrmals in der Woche gibt es fangfrische Schalentiere. Mit Postfiliale.
- **Sanday Post Office** <136> Kettletoft, KW172BJ, Mo/Di, Do 12–15.30, Fr 15–18.30 Uhr
- **Sinclair General Stores** <137> an der B9068, KW172AY, Facebook: sinclairsanday, Mo–Sa 9–20, So 12–16 Uhr. Gut sortierter Laden mit frischen Produkten, darunter Obst und Gemüse, Gegenständen des täglichen Bedarfs, aber auch Kinderbüchern, DVDs u. v. m.

Westray

Den nordwestlichsten Punkt des Archipels bildet die Insel Westray („Westinsel“), die auch als die Queen o’ the Isles („Königin der Inseln“) bekannt ist. Sie bietet eine perfekte Mischung aus Klippenpanoramen, Stränden und hügeliger Weidelandschaft.

Neben der Landwirtschaft ist die Krabbenfischerei eine wichtige Einnahmequelle – **Westray-Krabben** gelten als Delikatesse! Auch edelste **Strickwaren** werden hier von **Hume Sweet Hume** produziert (s. S. 86).

Auf Westray leben rund 600 Menschen. Die Häuser, Farmen und Siedlungen liegen weit auseinander und es gibt mehr als genug Platz. Nach Süden und Osten flacht die Insel ab, sie eignet sich überall gut zum **Radfahren.** Wer von den Hauptachsen der befestigten Straßen abweicht, sollte jedoch mit einem Mountainbike ausgerüstet sein.

Der größte Ort ist **Pierowall** [D2] im Nordwesten mit rund 100 Einwohnern, der sich entlang einer hübschen, halbrunden Bucht erstreckt. Hier findet man alle wichtigen Einrichtungen wie eine Bank, einen Arzt und zwei Lebensmittelgeschäfte. Vom **Gill Pier** verkehrt die **Passagierfähre** zur Nachbarinsel **Papa Westray** (s. S. 87).

Seehunde, Wale und Delfine schwimmen in den Gewässern rund um Westray, Seevögel nehmen die Klippenfelsen in Beschlag.

Auf Westray wird eine besondere Form des *Orcadian Scots* gesprochen; wenn man etwas nicht versteht – einfach nachfragen.

Das größte Event auf der Insel ist das **Regatta Weekend** (s. S. 105) am letzten Juliwochenende.

76 Westray Heritage Centre ★★ [D2]

In dem **Heimatmuseum** gibt es eine **Dauerausstellung** über die Geschichte, Flora und Fauna der Insel. Hier kann man das Original der **Orkney Venus** bestaunen, die auch als **Westray Wife** bekannt ist. Die 5000 Jahre alte Statuette wurde aus rotem Sand-

⊻ *Die südliche Klippenküste Westrays ist ursprünglich und unerschlossen*

057or-nh

stein gemeißelt und besitzt eingravierte Augen und Augenbrauen sowie zwei kreisrunde Gravierungen, die wahrscheinlich ihre Brüste darstellen sollen. Die Figur wurde bei Ausgrabungen auf den **Links of Noltland** 79 gefunden. Sie ist ein äußerst rarer Fund, denn künstlerische Menschendarstellungen aus dem Neolithikum sind sehr selten. Eine weitere Rarität ist der 4000–5000 Jahre alte **Westray Stone** mit kreisartigen Gravierungen, der aus einem Kammergrab von Pierowall stammt.

› Hauptstraße (B9066), Pierowall, KW172BZ, Tel. 01857 677414, https://westrayheritage.co.uk, Mai–Sept. Mo 11.30–17, Di–Sa 9–12, 14–17, So 13.30–17 Uhr, Erw. 3 £, erm. 2,50 £, unter 16 Jahre 0,50 £

77 Lady Kirk ★ [D2]

Wie auf den Orkney-Inseln üblich, stehen die **Ruinen** dieser Kirche direkt am Wasser, in diesem Fall mit Blick über die **Bucht von Pierowall.** Einige der Mauern stammen aus dem 13. Jh., also der **Wikingerzeit.** Der Rest des Baus geht auf das Jahr 1674 zurück. Die Grabsteine datieren ebenfalls aus dieser Zeit und erinnern an die Zeit nach dem Bürgerkrieg, als Westray eine streng religiöse presbyterianische Gemeinschaft war. Wenn damals Schiffe ankamen, wurden die Besucher eingewiesen, welche Verhaltensregeln zu befolgen waren, denn es galt ein strenger Kodex. Noch heute gibt es neben der offiziellen Church of Scotland eine Baptistengemeinde und die Täufergemeinde der „Brethren" auf der Insel.

› 8 Howanbrek, Peirowall, KW172DG, www.historicenvironment.scot/visit-a-place/places/pierowall-church, Eintritt frei

058or-nh

78 Noltland Castle ★★ [D2]

Westlich von Pierowall erhebt sich die **Ruine** des Noltland Castle. Das einst stattliche Schloss, von dem heute nur noch wenige Innen- und Außenmauern stehen, wurde im 16. Jh. von **Gilbert Balfour** erbaut. Er hatte eine wichtige Position am Hof von Mary Stuart, der Königin Schottlands, und war mit der Schwester des dritten Ehemanns von Maria, Lord Bothwell, verheiratet. Ebenso wie Bothwell war Balfour 1567 an der Ermordung von Marys zweitem Ehemann, Lord Darnley, beteiligt und geriet daher in das Schussfeld ihrer Gegner. Er floh nach Schweden, wo er in ein Komplott gegen den schwedischen König involviert war und 1576 hingerichtet wurde.

[>] Auf dem Castle o' Burrian nisten im Sommer Eisturmvögel und Papageientaucher

[<] Selbst als Ruine beeindruckt Noltland Castle

087or-nh

Während des **Englischen Bürgerkriegs** (1642–1649) verschanzten sich die Royalisten im Schloss, das mit seinen immerhin **71 Schießscharten** gut zur Verteidigung ausgestattet war. Die Unterstützer von Oliver Cromwell legten jedoch Brände und zerstörten den Bau.

Heute kann man noch verschiedene **Treppen** hinaufsteigen und den Blick über die Landschaft schweifen lassen.

› Pierowall, KW172DW, www.historicenvironment.scot/visit-a-place/places/noltland-castle, April–Sept. tägl. 9.30–17.30, Okt.–März tägl. 10–16 Uhr, Eintritt frei

79 Grobust Bay mit Links of Noltland ★★★ [D2]

Nördlich des Noltland Castle 78 erstreckt sich die von Dünen gesäumte **Grobust Bay** mit einem traumhaften, einsamen und feinsandigen Atlantikstrand. Daran grenzt südlich der **Golfplatz** und westlich die archäologische **Ausgrabungsstätte** der **Links of Noltland.** Die hier gefundene **Siedlung** war im Neolithikum und in der Bronzezeit von ca. 3300 bis 800 v. Chr. bewohnt. Fast vierzig Häu-

MEIN TIPP

Wanderung zum Vogelfelsen

Keinesfalls verpassen sollte man die kurze **Klippenwanderung** zum Vogelfelsen **Castle o' Burrian** [E3] im Südosten Westrays. Hier nisten von Ende April bis Mitte August die bunten **Papageientaucher,** aber auch **Eissturmvögel** lassen sich hier regelmäßig nieder.

An einer Landenge im Süden der Insel, schräg gegenüber der **Bay of Tafts,** befindet sich nahe einer verfallenen historischen **Mühle** ein **Parkplatz.** Dieser bildet den Ausgangspunkt des Küstenweges. Ein Verein kümmert sich darum, den Wanderpfad instand zu halten. Während der Coronakrise konnte dies nur lückenhaft erfolgen, daher sollte man beim Wandern gut aufpassen. Der Weg lohnt sich, denn abgesehen von der **malerischen Aussicht** auf die Felsen kommt man den Nistvögeln ganz nah. Allerdings sollte man sich nicht zu nah an den Klippenrand vorwagen oder gar die Felsen hinunterklettern. Man stört dadurch die Vögel und läuft Gefahr, von kreisenden Spähervögeln angegriffen zu werden.

› **Wanderroute:** 5,5 km, ca. 2 Std. www.walkhighlands.co.uk/orkney/bay-of-tafts.shtml

ser und Nutzgebäude wurden bisher entdeckt, darunter auch eine Sauna. Auch die Statuette der **Orkney Venus** (s. S. 81) fan man hier, ebenso wie andere Figuren und gravierte Steine. Jeden Sommer arbeiten die Archäologen gegen die Zeit, denn die Dünen werden beständig von Stürmen abgetragen und erlauben dem Meer, sich weiter ins Inland hineinzufressen.

› **Besichtigung:** im Juli/Aug. während der Ausgrabungen (sonst abgedeckt bzw. von Sand überweht), www.historicenvironment.scot/visit-a-place/places/links-of-noltland

80 Noup Head ★★★ [D2]

An der äußersten **Westspitze** Westrays bildet Noup Head mit seinem Leuchtturm einen windigen **Aussichtspunkt** auf den **höchsten Klippen der Insel.** Das Areal ist Teil des **Vogelschutzgebiets** der RSPB (Royal Society for the Protection of Birds). Hier kann man Kolonien von Dreizehenmöwen, Trottellummen, Tordalks, Eissturmvögeln und Pagageientauchern beobachten.

Vom Noup Head mit dem Leuchtturm blickt man auf den Nordatlantik

Der weiß-gelb gestrichene **Leuchtturm** wurde im Jahr 1898 von David A. Stevenson erbaut, einem Verwandten des bekannten Autors der „Schatzinsel". Er ist zwar nur 24 Meter hoch, steht aber aufgrund der Höhe der Felsküste ganze 79 Meter über dem Meeresspiegel.

Fast die gesamte Westseite der Insel besteht aus hohen Seeklippen. Es gibt dort kaum befahrbare Straßen, meist sind es nur unbefestigte Wege, sodass man hier am besten **zu Fuß** vorankommt. Wer die westliche Klippenküste der Insel erwandert, wird mit einem **einmaligen Panorama** belohnt.

› **Noup Head Lighthouse,** www.nlb.org.uk/lighthouses/noup-head

81 Quoygrew ★ [D2]

Quoygrew ist eine **Wikingersiedlung** aus dem 9. Jh., die während der gesamten Wikingerzeit und weit darüber hinaus bewohnt war. Man hat die Fundamente mehrerer Wohnhäuser aus dem Mittelalter freigelegt. Es wird jedoch vermutet, dass noch weitere Bauten unter der Erde liegen.

Auch der Ort **Pierowall** geht übrigens auf die Wikinger zurück. Im Hinterland hat man dort einen riesigen

Wikingerfriedhof gefunden, wo die Grabbeigaben auf Personen höheren Rangs hindeuten. Die Insel Westray wird zudem in der **Orkneyinga Saga** (s. S. 113) erwähnt.

- Rackwick, nordöstlich von Pierowall (Abzweig an der Straße zum Flughafen), frei zugänglich

Anreise

- **Fähre:** Ein Besuch Westrays mit der Fähre ab Kirkwall 1 ist im Rahmen eines Tagesausflugs machbar, allerdings dauert die Fahrzeit 1½ Std. je Richtung. Der Anleger befindet sich in Rapness [E3] am Südzipfel der Insel. Die Fähre fährt weiter bis Papa Westray, dann erneut nach Westray und wieder zurück nach Kirkwall.
- **Flugzeug:** tägl. (außer Sa/So) zwei Flüge von Kirkwall nach Westray, morgens und abends. Der Flughafen liegt nordöstlich von Pierowall in Aikerness [D2].

Infos und Reisetipps

- **Touristeninformation:** Westray Art Gallery (s. S. 86)
- **https://westraypapawestray.co.uk**
- **Bus:** Ein Minibus verbindet den Fähranleger in Rapness mit dem Gill Pier in Pierowall. Er fährt auf direkter Strecke entlang der B9066. Unterwegs hält er auf Anfrage (Handzeichen), es gibt keine festgelegten Haltestellen. Wer abseits der Route abgeholt werden möchte, muss dies vorher telefonisch anmelden. Von der letzten Septemberwoche bis zum ersten Wochenende im Mai fährt der Bus nur auf Anfrage. Infos: https://westray busservice.com, Tel. 07789 034289.
- **Radverleih:** bei W. I. Rendall (s. S. 86)
- **Westraak,** Tel. 01857 677777, www.westraak.co.uk. Die von einem Archäologen geführten Touren führen zu interessanten, teils wenig dokumentierten Orten wie der Wikingersiedlung Quoygrew 81. Man erhält viel Hintergrundwissen.
- **Westray Wildlife**, Tel. 01857 677846, https://westraywildlife.co.uk, Touren: 20 £ for 1½ Std., 50 £ für die Ganztagestour. Die Touren führen zu den Vogelschutzgebieten oder zu den Seehundbänken. Der kundige Führer teilt sein Wissen gern mit den Teilnehmern.

Die Bucht von Pierowall [D2] bietet einen ausgedehnten Sandstrand

060or-nh

Unterkünfte

› **Chalmersquoy** £ <138> Pierowall, KW172BZ, Tel. 01857 677214 o. 07803048189, www.chalmersquoy-westray.co.uk. Hier gibt es gleich mehrere Übernachtungsmöglichkeiten an der Pierowall Bay: B & B-Zimmer, einen Campingplatz, Ferienwohnungen oder einen ausgebauten Stall mit drei Zimmern.

› **No1 Broughton** ££ <139> Pierowall, KW172DA, Tel. 01857 677726, http://no1broughton.co.uk. Diese von Künstlern geführte Pension in einem historischen Cottage hat eine schöne Lage an der Pierowall Bay. Es gibt drei kleine, gemütliche Doppelzimmer. Mit Sauna.

› **Pierowall Hotel** £ <140> Hauptstraße, KW172BZ, Tel. 01857 677472, https://pierowallhotel.co.uk. Das komfortable Hotel hat sechs Zimmer, vier davon mit privatem Bad. Mit Restaurant und Bar (s. rechts).

Einkaufen, Essen und Trinken

› **J C Tulloch** <141> Cedar Cottage, Pierowall, KE172DH, Facebook: jctulloch westray, Mo–Sa 9–19.30, So 12.30–14.30 Uhr In diesem Geschäft gibt es Lebensmittel, alkoholische Getränke (Off Licence) und eine Postfiliale.

› **Peter Miller Merchants** <142> Surrigarth, Skelwick, KW172DD, Mo–Sa 10–18, So 14–17 Uhr. Dieser kleine Laden im Süden der Insel führt die nötigsten Lebensmittel sowie alkoholische Getränke und serviert Kaffee aus der Maschine zum Mitnehmen.

› **Pierowall Fish und Jack's Chippy** <143> KW172DA, www.pierowall-fish.co.uk, Jack's Chippy: Mi/So 16.30–19.30 Uhr, im Sommer auch Fr. Hier kann man den Fang des Tages praktisch direkt vom Fischerboot kaufen. Mittwochs und sonntags serviert Jack's Chippy frisch frittierte Fish and Chips.

› **Restaurant des Pierowall Hotel** (s. links): Lunch tägl. 12–14, Dinner tägl. 17–20 Uhr, Bar tägl. 12–23 Uhr. Restaurant und Bar werden auch von den Anwohnern gern besucht. Zu essen gibt es u. a. Burger und den Fang des Tages, alles auch zum Mitnehmen.

› **W. I. Rendall und Groatie Buckie's Café** <144> Hauptstraße, Pierowall, KW172DH, Tel. 01857 677389, Facebook: wirendallshop, Mo–Sa 9–18, im Sommer auch So 14–16.30 Uhr. Herz und Treffpunkt des Ortes ist der Village Shop mit angeschlossenem Café. Das Geschäft ist gut bestückt mit Waren des täglichen Bedarfs, Backwaren kommen frisch aus dem Westray Bakehouse. An den Laden grenzt ein kleiner Raum, in dem das Café untergebracht ist. Dort gibt es leckere kleine Mahlzeiten und frisch gebrühten Kaffee. Tankstelle vor dem Laden.

Galerien und Kunsthandwerk

› **Hume Sweet Hume** <145> Pierowall, KW172BZ, https://humesweethume.co.uk, tägl. 14–16 Uhr. Die gedeckten Farben der edlen Strickwaren und Einrichtungstextilien aus der Werkstatt der Schwestern Liza und Jenna Hume sind von der Landschaft Westrays inspiriert. Eine weitere Filiale gibt es in Kirkwall.

› **Westray Art Gallery** <146> The Gallery, Pierowall, KW172BZ, https://westray artgallery.co.uk, tägl. 11–16 Uhr. Gleich neben dem Heritage Centre befindet sich die Kunstgalerie, in der auch das Informationsbüro untergebracht ist. Die Werke des Künstlers Peter Brown zeigen die Landschaft Westrays im besten Licht.

› **Wheeling Steen Gallery** <147> Aikerness, KW172DN, https://wheeling-steen.co.uk, Juni–Sept. Mo–Sa 11–17, im Winter (außer Jan./Feb.) Mo–Sa 13–17 Uhr. Hier gibt es Postkarten, Landschaftsfotografien und Geschenkartikel, die sich als Mitbringsel eignen.

Papa Westray

Bei einem Besuch Westrays sollte ein Ausflug auf die kleine Nachbarinsel Papa Westray nicht fehlen. Wahlweise nimmt man die Passagierfähre oder begibt sich auf den kürzesten Flug der Welt (s. unten).

Von der Ostküste Westrays hat man das kleine Eiland stets im Blick. Erstaunlicherweise finden sich auf der nur 6,5 km lang und 1,5 km breiten Insel fast **60 Stätten von archäologischem Interesse.** Das bedeutet, dass die Insel in der Vorzeit dicht besiedelt gewesen sein muss. Man geht allerdings davon aus, dass die beiden Inseln damals noch durch eine Landbrücke verbunden waren. Moderne Errungenschaften gelangten hingegen erst spät nach Papa Westray: Erst ab 1980 gab es hier Elektrizität.

Der **Name** „Papa" ist abgeleitet von *papøy,* dem altnorwegischen Wort für „Priester". In der Tat war die Insel einst eine Pilgerstätte für Gläubige. Im einheimischen Slang wurde daraus *Papay.*

82 The Kelp Store Heritage and Arts Centre ★★ [E2]

In dem ehemaligen Speicher für *kelp* wurde ein **Heimatmuseum, Inselarchiv und Kunstmuseum** eingerichtet. Für Papa Westray, ebenso wie für die anderen North Isles, war die Herstellung von *kelp* im 18 und 19. Jh. eine Lebensader: Aus dem Seetang wurden Rohstoffe für die Glasindustrie gewonnen (s. S. 115). Dies ist jedoch nur ein Aspekt der Inselgeschichte, die man hier anhand von Fotos, Videos und Dokumenten verfolgen kann.

› KW172BU, Tel. 07931 235213, www.thekelpstore-papawestray.com, Events s. Facebook-Seite (TheKelpStore)

83 Knap of Howar ★★★ [E2]

An der **Westküste** Papa Westrays stehen zwei sehr gut erhaltene **Bauten aus dem Neolithikum,** die durch einen Gang miteinander verbunden sind und deren Eingänge zum Meer hin weisen. Wahrscheinlich waren sie schon ab 3500 v. Chr. bewohnt und sind damit sogar älter als die Häuser in der Siedlung Skara Brae 18, denen sie in ihrem Aufbau ähneln. Das würde sie zu den **ältesten bisher entdeckten Bauten in Nordeuropa** machen.

Zu den **Funden** gehörten Werkzeuge aus Stein und Knochen sowie Töpferwaren der **Unstan Ware** (s. S. 38). Aus Resten von Abfällen konnte man schließen, dass die Menschen Rinder, Schweine und Schafe hielten und Getreide anbauten. Wahrscheinlich bestand eine enge Verbindung zu den Siedlern auf Westray, da beide Inseln damals noch durch eine Landbrücke verbunden waren.

Auf der kleinen, östlich vorgelagerten Insel **Holm of Papa** hat man ein wahrscheinlich zur Siedlung gehörendes **Kammergrab** aus derselben Epoche entdeckt.

› www.historicenvironment.scot/visit-a-place/places/knap-of-howar, frei zugänglich

KURZ & KNAPP

Der kürzeste Flug der Welt

Von Westray zur Nachbarinsel Papa Westray bietet **Loganair** den kürzesten Flug der Welt: Er überwindet eine Strecke von 2,7 km und dauert tatsächlich **weniger als zwei Minuten.** Einmal abheben und gleich wieder aufsetzen – schon ist man da! Der Spaß ist für ganze 7,25 £ zu haben. Der Flug schaffte es sogar ins **Guinnessbuch der Rekorde.**

84 St Boniface Kirk ★ [E1]

Die **älteste Kirche Papa Westrays** wurde im 8. Jh. von den Pikten erbaut und war bis zum 12. Jh. in Benutzung. Sie ist dem angelsächsischen Missionar **Bonifatius** (um 672–754) gewidmet, der um 715 den piktischen König Nechtan zum Christentum bekehrt haben soll. Die Kirche machte die Insel zu einem **Pilgerzentrum.** Auf dem **Friedhof** findet sich ein sogenannter *hogback,* ein Grabstein aus der Wikingerzeit.

85 St Tredwell's Chapel ★★ [E2]

Zur St.-Tredwell-Kapelle, deren **Grundmauern** am Ufer des **Loch of St Tredwell** stehen, pilgerten im Mittelalter die Gläubigen. Der Name geht auf die heilige Jungfrau **Triduana** zurück, die Bonifatius auf seinen Reisen begleitet haben soll. Sie soll dem piktischen König Nechtan widerstanden haben, als dieser sie verführen wollte, indem er ihre schönen Augen pries. Daraufhin soll sie ihre Augen aus den Höhlen geholt, sie aufgespießt und ihm gegeben haben. Fortan glaubten die Menschen, dass das Wasser des Sees Augenkrankheiten heilen könne.

Anreise

- **Fähre:** Anreise via Westray (s. S. 64). Zusätzlich verkehrt eine kleinere Fähre vom Gill Pier in Pierowall/Westray nach Papa Westray.
- **Flugzeug:** s. S. 87

Infos und Reisetipps

- **www.papawestray.co.uk**
- **Papay Peedie Tours/Papay Ranger,** The Kelp Store 82, Facebook: Papay Ranger, Tagestour mit Mittagessen 60 £, Kinder bis 16 Jahre 30 £. Der Papay Ranger nimmt Besucher mit auf eine Entdeckungsreise zu den archäologischen Stätten und den tierischen Bewohnern der Insel.

Unterkunft, Einkaufen

- **Papa Westray Hostel und Co-op** £ <148> Beltane House, KW17 2BU, Tel. 01857 644224, www.facebook.com/papawestrayhostel, Lebensmittelladen Mo/Mi/Do 10–12, 15.30–17.30, Di 10–12, Fr 15.30–17.30, Sa 10–12, 18–19 Uhr. Das Hostel im Community Centre der Insel hat mehrere Zimmer mit Bad und bietet auch Glamping an. Man nutzt eine Gemeinschaftsküche. Samstags fungiert die Bar im Hostel ab 21 Uhr als Dorfkneipe. Hin und wieder gibt es Tanzveranstaltungen oder es werden Filme gezeigt. Angeschlossen ist ein kleiner Laden, der eine Auswahl an verpackten Lebensmitteln und Gebrauchswaren anbietet.
- **Papa Westray Post Office** <149> Daybreak, KW17 2BU, Mo/Mi/Fr 12–14, Di 10–14 Uhr. Unweit des Supermarktes findet man die Post, die gleichzeitig als Handarbeits- und Bastelgeschäft fungiert.

North Ronaldsay

North Ronaldsay ist bekannt für seine Schafe, die sich kurioserweise von Seetang ernähren (s. S. 89). Außerdem suchen viele Menschen die Insel auf, um Zugvögel zu beobachten.

Das flache, kleine Eiland liegt am **nordöstlichen Rand des Archipels.** An klaren Tagen kann man bis nach Shetland sehen. Die höchste Stelle liegt nur 21 Meter über dem Meeresspiegel, das Eiland ist 4,8 km lang und 3,2 km breit. Die norwegische Küste ist genauso weit entfernt wie die schottische Hauptstadt Edinburgh.

North-Ronaldsay-Schafe

North-Ronaldsay-Schafe sind eine geschützte, alte Rasse, die vom Aussterben bedroht ist. Sie sind fast reinrassig und lediglich mit den Shetland-Schafen verwandt. Eine weitere kleine Herde lebt auf der Privatinsel Auskerry [G6] südlich von Stronsay.

Die Schafe haben einen ausdrucksstarken, schmalen Kopf, ihr dickes, mehrfarbiges Fell ist immer von Wind und Gischt zerzaust. Ihr Pelz besteht aus zwei Lagen: einer unteren, weichen und einer oberen, rauhen Schicht. Obwohl sie weitgehend sich selbst überlassen bleiben, benötigen die Schafe doch ein wenig Aufmerksamkeit: So muss die Trockenmauer des Deichs regelmäßig instandgehalten werden und im August müssen die Tiere von Hand geschoren werden. Im Frühjahr werden die Mutterschafe mit ihren Lämmern auf die Weide gebracht. Im Zuge der Gründung des **Sheep Court** im Jahr 1839 wurde festgelegt, dass diese Tätigkeiten von den Inselbewohnern gemeinsam durchgeführt werden sollen. Bei der geringen Einwohnerzahl ist dies für die Insulaner allerdings kaum noch zu bewältigen. Das North Ronaldsay Sheep Festival (s. S. 104) dient daher auch dazu, Freiwillige auf die Insel zu bringen, die beim Deichbau mithelfen. Seit 2015 kümmert sich die **Orkney Sheep Foundation (OSF)** um die Bewahrung der Tradition.

Noch vor etwa zweihundert Jahren knabberten die Schafe nicht ausschließlich Seetang. Die Algen waren damals nämlich Grundstein der einträglichen Produktion von „kelp", verbranntem Seetang, dessen Asche Kalium und Kaliumcarbonat (s. S. 115) enthielt. Nachdem der Wirtschaftszweig nicht mehr rentabel war, reservierte der Gutsherr die kleinen Weiden der Insel für seine Rinder. Die Schafe wurden 1832 hinter einen Deich verbannt und mussten sich am Strand einrichten, wo sie nur noch die Braunalgen als Nahrungsquelle fanden. Langsam stellte sich der Organismus der Tiere um: Heute können sie große Mengen an Jod verarbeiten. Sie können zwar weiterhin Gras verdauen, aber wenn sie sich ausschließlich davon ernährten, würden sie eine Kupfervergiftung erleiden.

Das Fleisch der Tiere gilt international als Delikatesse. Die dicke Wolle wird in der Inselmühle gesponnen und als Strickwolle oder zu Web- und Strickprodukten verarbeitet verkauft (s. S. 91).

› www.theorkneysheepfoundation.org.uk

North Ronaldsay ist einer von 30 offiziellen **Dark-Sky-Orten** weltweit, die sich angesichts weniger Lichtquellen besonders für die nächtliche Himmelsbeobachtung eignen. Im Winter sieht man das Leuchten der **Aurora borealis.**

Obwohl nur 60 Menschen auf North Ronaldsay leben, wird dies als großer Erfolg gewertet, denn es gibt wieder **Zuwanderer.** 1831 lebten hier noch 500 Menschen, vor zehn Jahren waren es lediglich fünfzig. Im Vergleich dazu gibt es über 3000 Schafe! Ein Hinweis auf die Bedeutung der tierischen Bewohner ist auch das populäre **North Ronaldsay Sheep Festival** (s. S. 104). Die Insulaner sind immer bestrebt, neue Einwohner anzuwerben, schon allein damit die **Grundschule** und andere Einrichtungen geöffnet bleiben können. Momentan begeben sich ganze drei Schüler jeden Morgen zum Unterricht – für viele Eltern wäre dies angesichts überfüllter Klassen ein Traum.

Wer hier wohnt, ist mit Haut und Haaren Teil der Inselgemeinschaft. Wie auch auf den anderen kleineren Inseln haben die Bewohner oft **mehrere Jobs:** Die Posten können nur mit Insulanern besetzt werden, da „pendeln" einfach nicht möglich ist. Hin und wieder werden ungewöhnliche Stellen ausgeschrieben, wie zum Beispiel der Job als Deichwärter *(dyke warden),* der die Arbeiten am Schafsdeich koordiniert, hinter dem die berühmten Inselschafe leben.

Um die Insel kennenzulernen, sollte man mindestens **eine Übernachtung** buchen, ansonsten bleibt kaum Zeit für eine Erkundung. Eine Straße führt vom **Fähranleger** im Süden nach Norden über die Insel. Alles liegt sehr nah beieinander. Die Mitnahme eines Autos empfiehlt sich daher nicht, besser ist eine Erkundung

Der rot-weiße Backstein-Leuchtturm ragt mehr als 40 Meter in die Höhe

mit dem **Fahrrad.** Der einzige Ort **Hollandstoun** [H1] besteht nur aus wenigen Häusern.

86 North Ronaldsay Bird Observatory ★★★ [H1]

Das **Observatorium** ist eine wichtige Anlaufstelle auf der Insel, denn es beherbergt den einzigen Lebensmittelladen, das einzige Restaurant samt Bar, eine Pension und das Hostel (s. S. 92).

Es ist **ganzjährig geöffnet,** da sich auf der Insel zu jeder Zeit Seevögel beobachten lassen, die entweder auf den Orkney-Inseln nisten oder hier auf ihrem Weg zu arktischen Brutstätten Station machen. Darunter finden sich auch etliche **seltene Arten.** Damit ist das Observatorium eine wichtige Anlaufstelle für internationale Vogelkundler. Jeden Monat veröffentlicht es eine Liste mit gesichteten Vögeln (auch online abrufbar). Beim Abendessen versammeln sich alle Bewohner und die Betreiber zusammen im **Gemeinschaftsraum.**

› Twingness, KW172BE, Tel. 01857 633200, www.nrbo.org.uk

87 Lighthouse Visitor Centre und Café ★★ [H1]

Von den **zwei Leuchttürmen** der Insel hält der neuere, 1854 erbaute rot-weiße Turm am **Dennis Head** für Besucher einiges bereit: Hier gibt es nicht nur ein **Besucherzentrum,** sondern auch ein **Café,** einen **Shop** und **Cottages** zum Übernachten. Zudem wird eine **Ausstellung** über das Inselleben gezeigt.

Der Leuchtturm am nordöstlichen Zipfel von North Ronaldsay gilt mit 43 Metern als höchster an Land erbauter Leuchtturm im Vereinigten Königreich und ist weiterhin in Betrieb. Er ersetzte den älteren Leuchtturm Old Beacon 88, der weiter südlich steht. Am Bau beider Leuchttürme war die Familie des Schriftstellers Robert Louis Stevenson beteiligt. Die **176 Stufen** bis zur Spitze lassen sich im Rahmen einer **geführten Tour** erklimmen. Von oben reicht der Blick weit über das Meer bis zu den Shetland-Inseln.

› **North Ronaldsay Lighthouse,** Dennis Ness, KW172BG, Tel. 01857 633297 oder 07526629654, Besucherzentrum und Café: März–Sept. Di–So 11.30–17 Uhr, Leuchtturm-Besichtigung: Erw. 6 £, Kinder 3 £

MEIN TIPP

Schick gestrickt

Die Firma **A Yarn from North Ronaldsay** betreibt im einstigen Maschinenraum des Leuchtturms 87 eine **Wollspinnerei,** in der die Wolle der **North-Ronaldsay-Schafe** (s. S. 89) verarbeitet wird. Es gibt sie in Beige- oder Grautönen – so wie auch die Felle der Schafe gezeichnet sind. Ebenfalls im Sortiment sind **handgestrickte Mützen, Schals** und **Handschuhe** sowie **Filzdecken.** Die Produkte lassen sich im Shop des Leuchtturms oder online erwerben. Auf Anfrage und während des populären North Ronaldsay Sheep Festivals (s. S. 104) kann man die Spinnerei im Rahmen einer **Führung** besichtigen oder an einem **Workshop** teilnehmen.

› **A Yarn from North Ronaldsay,** www.northronaldsayyarn.co.uk

88 Old Beacon ★ [J1]

Der alte Leuchtturm aus dem Jahr 1789, auch bekannt als **Dennis Head Old Beacon,** steht nach wie vor südlich des neuen Leuchtturms 87. Er wurde jedoch bereits 1809 stillgelegt, da man den neuen Leuchtturm auf der Nachbarinsel Sanday für ausreichend hielt. Dies hatte fatale Folgen: Rund um North Ronaldsay gibt es gefährliche Strömungen und Felsen, an denen viele Schiffe zerschellten. Daher entschloss man sich mehr als 40 Jahre später, doch wieder einen Leuchtturm zu bauen. Der 21 Meter hohe, frei zugängliche Old Beacon steht, versehen mit einer pittoresken **Steinhaube**, neben den Ruinen des alten **Leuchtturmwärterhauses.**

89 Broch of Burrian ★★ [H2]

North Ronaldsay war bereits in der Prähistorie besiedelt. Überreste solcher frühzeitlicher Besiedlung fand man beim **Bride's Loch** im Südosten der Insel, die Steinbauten **Brae of Stennabreck.**

An der südlichsten Landspitze der Insel, am **Point of Burrian**, steht noch ein Teil der Außenmauer des frei zugänglichen **Brochs of Burrian**, eines Rundturms aus der Eisenzeit – der nördlichste Broch Orkneys. Im Frühmittelalter ließen sich keltische Pikten an der Stelle nieder. Es gab wohl eine ganze Siedlung, die allerdings größtenteils vom Meer verschlungen wurde. Archäologen fanden einen Stein mit einem christlichen Kreuz, der ungefähr auf 800 n. Chr. datiert, das sogenannte **Burrian Cross.** Der Stein befindet sich heute im National Museum of Scotland. Das Kreuz findet sich häufig als Schmuckmotiv von Orkneys Juwelieren.

Anreise

- **Fähre:** Fahrzeit 2 Std. 40 Min., Mai–Okt. zwei- bis dreimal wöchentlich ab Kirkwall 1, im Winter einmal wöchentlich. Im Sommer gibt es an bestimmten Tagen eine Sonderverbindung mit 4-std. Aufenthalt auf der Insel. Die Fähre legt nahe der Südwestspitze der Insel [H1] an.
- **Flugzeug:** je nach Datum und Wochentag bis zu drei Flüge tägl. in einer Achtsitzer-Maschine, Flugdauer 20 Min. Der Flughafen liegt nördlich der Siedlung Hollandstoun.

Infos und Reisetipps

- **www.northronaldsay.co.uk**
- **Auto- und Radvermietung, Taxiservice:** Tommy Muir, Tel. 01857 633244. Da nur ein Auto und ein Minibus zur Verfügung stehen, sollte man rechtzeitig vorab buchen.
- **Radverleih:** am Leuchtturm 87, The Lighthouse Café, Tel. 07778182844, bikehire@northronaldsay.co.uk. Fahrräder für die ganze Familie, Erw. 10 £, Kinder 5 £ pro Tag.

Unterkünfte, Essen und Trinken

- **North Ronaldsay Bird Observatory** 86 £, www.nrbo.org.uk/accommodation. Pension und Hostel mit solidem, sauberem Standard. Es gibt einen Schlafraum mit zehn Stockbetten sowie ein Zweibett- und ein Vierbettzimmer (eines mit eigenem Bad). Mit Gemeinschaftsküche.
- **North Ronaldsay Lighthouse Cottages** ££, am Leuchtturm 87, Tel. 01857 633257 oder 07703112224, www.northronaldsaylighthousecottages.co.uk. Zu Füßen des Leuchtturms stehen die historischen, voll ausgestatteten Cottages, die zu den charmantesten Unterkünften auf der Insel gehören. Neben einer Zentralheizung gibt es auch einen Kamin. Angeschlossen ist ein **Café.**

064or-nh

Baden

Nicht nur auf der „Sandinsel“ **Sanday** reihen sich Buchten mit feinkörnigem, weißem Sand vor türkisblauem Wasser aneinander, auch auf **Stronsay** und **Westray** lassen sich reizvolle Buchten entdecken. Sogar **Mainland** weist einige Traumstrände wie die Bay of Skaill [B6], Sands of Evie [C5] und Dingishowe 8 auf. Auf **South Ronaldsay** lockt der Strand Sands of Wright an der Widwall Bay [D9].

Zum längeren Baden ist es jedoch bei einer durchschnittlichen **Wassertemperatur** von rund 13 °C meist zu kalt, obwohl manche Einheimische und besonders Abgehärtete sich im Sommer auch ohne **Neoprenanzug** in die Wellen wagen. Wer im Wasser waten oder sich in die Fluten stürzen will, sollte **Badeschuhe** tragen, um z. B. Verletzungen durch Seeigel oder scharfkantige Steine vorzubeugen.

In vielen Buchten ist das Baden wegen **starker Strömung** nicht ratsam oder nicht erlaubt, z. B. in der Rackwick Bay 42. Einsame Strände sind auch bei **Seehunden** beliebt, zu denen man einen Sicherheitsabstand wahren und mit denen man nicht das Wasser teilen sollte.

Alternativ empfiehlt sich der Besuch des **Schwimmbads** im Pickaquoy Centre (s. S. 20) in Kirkwall 1.

Wassersport

Wassersport ist auf den Orkney-Inseln eine Herausforderung, denn man kämpft nicht selten gegen die Elemente: Die Wassertemperatur an den Küsten liegt meist weit unter 16 °C, hinzu kommen starke Winde und Gezeitenströme.

Wer Surfen oder Kajakfahren möchte, sollte beachten, dass die küstennahen Gewässer und Sunde zwischen den Inseln von *skerries*, also **Schären**, durchzogen sind. Dort entstehen **gefährliche Strömungen**, die schon vielen Schiffen zum Verhängnis wurden. Das betrifft den **Pentland Firth** zwischen Hoy und dem Festland, den **Eynhallow Sound** zwischen Mainland und Rousay, aber auch die **Sunde** zwischen den anderen North Isles.

Angeln

Es gibt sechs **Süßwasserseen** auf Mainland, in denen man angeln kann. Die Orkney Trout Fishing Association gibt Auskunft über Forellenfischen im **Loch of Harray** [B6] oder im

Vorseite: Zur Brough of Deerness 11 muss man erst hinunter- und dann wieder hinaufklettern

065or-nh

Loch of Swannay [C4–5]. Weiterhin kann man Bootsausflüge zum **Hochseefischen** unternehmen.

› www.orkneytroutfishing.co.uk/index.html
› www.orkneycommunities.co.uk/anglingorkney

■ **Northerly Marine Services** <150> 20 Harbour Street, Kirkwall, KW15 1LE, https://northerlymarineservices.co.uk, Tel. 01856 252998, Bootscharter und Tierbeobachtungs- sowie Angeltouren

Sea Kayaking

Seekajakfahren ist eine der beliebtesten Wassersportarten Orkneys, denn die felsigen Küsten bieten ein **vielseitiges Terrain** mit Buchten, Felsvorsprüngen und Höhlen. Dies erfordert aber auch Erfahrung und bestimmte Fertigkeiten. Als Laie sollte man sich daher lieber einem **erfahrenen Führer** anschließen und eine Gruppenexkursion unternehmen. Auf den Seen und Binnenseen wie dem Loch of Harray können sich auch Ungeübtere versuchen.

› **Sea Kayak 59 Degrees North,** https://seakayak59.co.uk. Touren unter Führung eines Kajakexperten, halber Tag 60 £/Pers., ganzer Tag 90 £/Pers. inkl. vollständige Ausrüstung.

Tauchen und Schnorcheln

Wer vor Orkneys Küsten taucht, erlebt eine vielfältige Unterwasserflora und -fauna. Ein beliebtes Ziel für Tauchausflüge sind die **Schiffswracks der deutschen Hochseeflotte,** die sich nach dem Ende des Ersten Weltkriegs beim Militärstützpunkt Scapa Flow auf der Insel Hoy selbst versenkte (s. S. 53). Ein weiteres lohnendes Tauchziel sind die sogenannten **„block ships“**, die Wracks absichtlich versenkter Schiffe, die sich östlich der **Churchill Barriers** 47 im seichteren Wasser befinden und deren Rümpfe bei Ebbe sogar vom Ufer aus erkennbar sind.

Schnorcheln kann man rund um **Yesnaby** 17 ebenso wie in der **Inganess Bay** [E7] östlich von Kirkwall. Empfehlenswerte Anbieter:

› **Kraken Diving** <151> Palace Cottage, Birsay, KW17 2LX, Tel. 07933 492349, www.krakendiving.co.uk, Mo–So 9–19 Uhr. Die Tauchschule bietet ganz unterschiedliche Taucherlebnisse an: vom Gerätetauchen *(scuba diving)* zu Schiffswracks bis zum Schnorcheln.

› **M.V. Invicible – Scapa Flow** <152> Lerquoy, Outertown, Stromness, KW16 3JP, Tel. 02856 852220, www.scapa-flow.co.uk. Das Ehepaar Ian und Fiona Trumpess nimmt Tauchgruppen mit zu einer Auswahl der Wracks der deutschen Hochseeflotte in der Bucht von Scapa Flow.

0666or-nh

⌃ *Zum Angeln eignet sich der Loch Harray [B6] besonders gut*

⌃ *Auf den Inseln gibt es viele Traumbuchten wie die Sands of Wright (s. S. 59) auf South Ronaldsay*

Wellenreiten

Gute Surfbedingungen bieten die **Bay of Skaill** [A6] bei Skara Brae 18 und die **Birsay Bay** [B5] an Mainlands Westküste, **Fisk Helliar** [C4] an der Nordküste Mainlands sowie die Bucht **Bu Sand** [E8] an Burrays Ostküste. Informationen über aktuelle Wetter- und Wellenbedingungen findet man hier:

› https://magicseaweed.com/Orkney-Shetland-Islands-Surfing/99/

Wandern

Die beste Art, Orkneys Natur in all ihren Facetten zu erleben, ist das Wandern. Bei der **Planung** sollte man allerdings bedenken, dass öffentliche Verkehrsmittel nur selten und nicht überall verkehren. Wer zum Beispiel einen Inselausflug zu Fuß unternehmen möchte, sollte vorher sicherstellen, dass er auch vom Fährterminal dorthin gelangt, wo er wandern möchte. **Verpflegung** und **Getränke** sollte man immer dabei haben, da Läden und Lokale weit verstreut sind und nicht immer geöffnet haben. Auch wer keine Bergwanderung unternehmen möchte, sollte **festes Schuhwerk** dabeihaben, denn viele Wege sind kaum mehr als unbefestigte, teilweise unebene Pfade. Gefahren drohen insbesondere an den **Seeklippen:** Hier sind die Wege nicht gesichert und infolge von Erosion kommt es häufig zu Abbrüchen. Beim Wandern durch Wiesen und Weiden sollte man sich von Bullen und Kühen mit jungen Kälbern fernhalten. Abgesehen vom St. Magnus Way (s. S. 97) sind die meisten Wanderwege **nicht ausgeschildert**, man benötigt unbedingt gutes Kartenmaterial (s. S. 124). Auf GoogleMaps kann man sich wegen Ungenauigkeit nicht verlassen.

> **Routenverlauf im Inselplan**
> Der hier beschriebenen Wanderungen sind mit farbigen Linien im Insel-Faltplan eingezeichnet.

Wanderung 1: Rund um Hoxa Head, South Ronaldsay

> › **Charakter:** einfache Tour auf befestigter Straße und Küstenwanderpfad, auch für Kinder geeignet
> › **Ausgangs- und Endpunkt:** Parkplatz am Strand Sands of Wright [D9]
> › **Länge:** 6,5 km
> › **Dauer:** 2 Std.
> › **Einkehr:** unterwegs keine Einkehrmöglichkeit, daher Proviant mitnehmen
> › **Anfahrt:** Bus X1 von Kirkwall 1 bis St Margaret's Hope 50 oder auf der B9043 in Richtung Quindry, dann rechts in Richtung Hoxa bis zum Parkplatz am Strand

Zu Fuß läuft man auf der B9043 zunächst bis zum **Roeberry House**, wo ein Weg nach Nordosten in Richtung **Hoxa Hill** abzweigt. Ein unbefestigter Pfad führt auf den 60 Meter hohen Hügel mit guter Aussicht über die Bucht. Dort befindet sich auch ein neolithisches Kammergrab.

Auf der Nordseite des Hügels geht es über Felder hinab zum **Dam of Hoxa**, der zwischen einer kleinen Bucht und einem See verläuft. Wandert man entlang der Bucht nach Norden, sieht man eine Erhebung in der Landschaft: **Howe Broch** enthält Überreste eines Brochs aus der

Eisenzeit und einer piktischen Siedlung. Der Legende nach soll hier **Torf-Einarr** (s. S. 113), der Begründer der Wikinger-Dynastie Orkneys, begraben worden sein.

Im Anschluss geht man auf demselben Weg zurück und folgt der Straße bis **Uppertown,** wo man der **Hoxa Tapestry Gallery** 52 einen Besuch abstatten kann. (Alternativ kann man auch am Rand der Felder direkt an den Klippen in Richtung Westen weiterwandern, wo der Weg aber uneben ist.) Dann geht es weiter zum Parkplatz **The Bu,** von dem ein unbefestigter Weg über das Klippenvorland bis zur **Hoxa Battery** führt, einer Befestigung aus dem Zweiten Weltkrieg. Ein Stück weiter steht der eher unansehnliche Leuchtturm am **Hoxa Head.** Von dort aus blickt man auf die Nachbarinsel **Flotta.**

Unterwegs auf dem St Magnus Way

Der knapp 94 km lange Fernwanderweg ist gleichzeitig eine Pilgerroute und führt von der Insel Egilsay via Evie nach Birsay und dann quer durch Mainland bis nach Kirkwall 1. Man kann ihn in sechs Etappen zurücklegen. Auch wer den Weg nicht aus spirituellen Gründen wandert, kommt auf seine Kosten. Von Egilsay nach Evie führt der Weg mit der Fähre übers Wasser. Die Route von Evie bis Birsay verläuft entlang der reizvollen Küste am Eynhallow Sound [C–D5]. Danach bekommt man Gelegenheit, die Naturschönheit des Landesinneren näher kennenzulernen. Von Finstown verläuft der Weg südlich nach Orphir und weiter entlang des Ufers von Scapa Flow nach Kirkwall. Die Route folgt dem angenommenen Weg, auf dem der Leichnam des hl. Magnus (s. S. 18) transportiert wurde, der auf Egilsay von den Mannen seines Cousins und Widersachers Håkon Paulsson ermordet wurde. Zunächst wurde Magnus in Egilsay beigesetzt. Dann wurde der heiliggesprochene Märtyrer jedoch nach Birsay in die „Christuskirche“ (heute St Magnus Church 32) verbracht. Nachdem die Kathedrale 4 in Kirkwall gebaut worden war, wurden seine Gebeine an ihren letzten Ruheort in der Kathedrale transportiert.

› **Infos:** www.stmagnusway.com (auch als App, s. S. 125)

067or-nh

Nordwärts geht es zurück auf den Wanderweg, von dem man bei der ersten Gelegenheit rechts abbiegt und in Richtung **Rinibar House** (s. S. 62) läuft. Auf dem Weg hat man bereits den Strand **Sands of Wright** im Blick, wo man zum Abschluss noch einen Spaziergang unternehmen oder eine Picknickpause einlegen kann.

Wanderung 2: Mull Head Nature Reserve, Mainland

- **Charakter:** mittelschwer, teils kaum befestigter, steiler Küstenwanderweg
- **Ausgangs- und Endpunkt:** Mull Head Visitor Centre [F7]
- **Länge:** 9 km
- **Dauer:** 2½–3 Std.
- **Höhenunterschied:** 196 m
- **Einkehr:** unterwegs keine Einkehrmöglichkeit, Wasser und Proviant mitnehmen
- **Anfahrt:** nur mit dem Auto via A960/B9050, bei Skaill links in Richtung Norden abbiegen bis zum Parkplatz beim Besucherzentrum

Das erste Ziel der Wanderung im **Mull Head Nature Reserve** (9) ist **The Gloup** (10), ein Blasloch an der Klippenküste mit Überraschungseffekt. Weiter geht es nach Norden entlang spektakulärer Klippenfelsen, in die die See immer wieder schmale Spalten, *geos*, gefressen hat. Wenn die Erosion voranschreitet, lösen sich ganze Felsen langsam von der Küste ab, so wie bei der Gezeiteninsel **Brough of Deerness** (11), wo die grün bewachsenen Klippen mit bizarren, labyrinthartigen Formen aufwarten. Der **Zugang** erfolgt über einen schmalen Pfad mit Kettenhandlauf, der zunächst hinab und dann wieder nach oben führt. Auf dem Felsen lassen sich die Relikte einer Siedlung samt Kirche bewundern.

Zurück auf dem Küstenpfad, geht es durch **Heidelandschaft** nahe der von Erosion bedrohten **Felspalten,** daher ist **Vorsicht** geboten. An der nordöstlichen **Landspitze Mull Head** kracht die Gischt mit voller Wucht gegen die Küste. Die **Seevögel,** die hier im Sommer nisten, stört das nicht. Auch im Inselinneren tummeln sich Brutvögel in der Heidelandschaft. In

068or-nh

0690or-nh

den Fluten kann man hin und wieder **Delfine und Wale** erspähen. Nachdem man die Landspitze umrundet hat, wandert man entlang der Nordküste.

Wer die Wanderung **abkürzen** möchte, wandert von den Klippen weg ins Inselinnere nach East Denwick und von dort zurück zum Mull Head Visitor Centre.

Ansonsten setzt man die Wanderung auf unebenem Pfad entlang der **Klippenküste** in westliche Richtung fort und gelangt so zum **Covenanter's Memorial.** Es erinnert an ein Schiffsunglück im Jahr 1679, bei dem 257 Presbyterianer ums Leben kamen. Sie hatten im Bürgerkrieg an der Seite von Oliver Cromwells puritanischen Truppen gegen die katholische Monarchie gekämpft. Zur Zwangsarbeit in den amerikanischen Kolonien verurteilt, verfrachtete man sie auf ein Schiff, das vor der Küste in Seenot geriet. Die im Rumpf eingesperrten Menschen ertranken.

Hinter dem Denkmal führt der Pfad wieder landeinwärts zur **Denwick Farm,** die man umrundet, indem man links in Richtung East Denwick einbiegt. Man passiert ein **Gatter** und folgt dem Weg bergauf bis zur **Windturbine** und dann wieder hinab in Richtung **Brecken.** So gelangt man **zurück zum Ausgangspunkt.**

Wanderung 3: Point of Ness bis Skara Brae, Mainland

- **Charakter:** mittelschwer, für geübte, ausdauernde Wanderer, da lange Strecke auf teils unbefestigtem Küstenwanderweg
- **Ausgangspunkt:** Stromness (12), Point of Ness [B7]
- **Endpunkt:** Skara Brae (18), Bay of Skaill [B6]
- **Länge:** 19 km
- **Dauer:** 6–7 Std.
- **Höhenunterschied:** 324 m
- **Einkehr:** in Stromness zu Beginn (Empfehlungen s. S. 31) oder im Skara Brae Visitor Centre am Ende der Tour
- **An- und Rückfahrt:** Bus X1 von Kirkwall (1) und Stromness, Rückfahrt auf derselben Route

Die lange, aber lohnende Wanderung an der **Atlantikküste** ist ein Teilstück des **West Coast Walks.** Ausgangspunkt ist der südliche Ortsausgang von **Stromness** (12) beim **Campingplatz am Point of Ness.**

Zu Beginn umrundet man die Landspitze und passiert die **Ness Battery** (16). Man wandert am **Hoy Sound,** dem Sund von Hoy, entlang und hat dabei die bergigen Gipfel Hoys sowie die Insel **Graemsay** im Blick. Mit etwas Glück kann man das Einlaufen der NorthLink-Fähre „Hamnavoe" oder sogar **Delfine** im Wasser beobachten.

Der Wanderweg entlang der Westküste Mainlands verläuft auch mal über Holzbohlen und Treppen

Die Wanderung am Mull Head bietet abwechslungsreiches Terrain

An der Bucht von **Warebeth** biegt der Pfad nördlich bergauf ins Inselinnere und dann wieder westlich zur Küste auf die 109 Meter hohe **Seeklippe Back Craig.** Darunter befindet sich die **Wellenkraftanlage Billa Croo,** die hier getestet wird.

Danach geht es weiter nach Norden an der **Küste** entlang, teils über einen **Trampelpfad,** teils durch unerschlossenes **Heideland,** auf dem man sich selbst seinen Weg bahnen muss. An der Küste liegen Höhlenklippen, bei **Neban Point** passiert man einen **Wasserfall.** Bei gutem Wetter kann man bis zur Küste Hoys mit dem **Old Man of Hoy** 41 blicken.

Bei Inga Ness gibt es einen Einschnitt mit einigen der spektakulärsten Felsformationen Orkneys: **Yesnaby** 17 mit der Felsnadel **Yesnaby Castle.**

Weiter nördlich passiert man den verfallenen **Broch of Borwick,** einen typischen Rundturm aus der Eisenzeit. Nähert man sich dem Südende der **Bay of Skaill** [B6], blickt man beim **Hole o'Rowe** auf eine Art ovale Toröffnung, die die Brandung in die Felsen gefressen hat.

Der Blick schweift nun über einen der **schönsten Strände Mainlands,** der sich in die Bay of Skaill schmiegt. Wer noch Energie hat, kann abschließend die Megalithanlage **Skara Brae** 18 besichtigen oder sich einfach am Strand ausruhen und dann den **Bus** zurücknehmen.

Weitere Aktivitäten

Golf

Golf ist auf den Orkney-Inseln vor allem eine **Jugendsportart.** Es gibt zahlreiche schön gelegene Golfplätze, die meisten bieten gegen eine Gebühr von **Green Fees** auch Besuchern die Möglichkeit, die Einrichtungen zu nutzen.

- **Orkney Golf Club** <153> Royal Oak, Holm Road, Kirkwall, KW151PY, Tel. 01856 872457, https://orkneygolfclub.co.uk, Mo–Fr 6.30–15 Uhr, Erw. 25 £, Kinder 5 £, 18-Loch-Platz. Besucher müssen ihre eigene Ausrüstung mitbringen und auf der Website ein Zeitfenster buchen. Es gibt auch eine Trainingsanlage in der Halle.

070or-nh

071or-nh

- **Stromness Golf Club** <154> Golf House, Ness Road, KW163DW, Tel. 01856 850772, https://stromnessgc.co.uk, Bar und Clubhaus Sa/So 12–16 Uhr, ab 15 £/Person, Vorabbuchung notwendig. Der Platz bietet eine tolle Aussicht auf die Insel Hoy.
- **Westray Golf Course** <155> nördlich des Noltland Castle 78, KW172DP, Tel. 01857 677397, https://westraypapawestray.co.uk/westray-golf-club

Radfahren

Trotz Wind und Wetter sind viele **Freizeit- und Sportradfahrer** auf den Orkney-Inseln unterwegs. Im Prinzip lassen sich alle Inseln per pedales erkunden. Der Nachteil: Es gibt keine ausgewiesenen Radwege, daher radelt man meist auf den **Hauptstraßen.**

Ideal für eine Radtour, die man entweder als Tagesfahrt oder mit einer Übernachtung durchführen kann, ist der **Norden von Mainland:** Hier kann man zum Beispiel immer in Küstennähe von Dounby [B5] über Birsay und Evie [C5] bis nach Rendall [D5] fahren. Am angenehmsten sind längere Radtouren auf den **kleineren Inseln,** da dort der **Autoverkehr gering** ist. Besonders empfehlenswert sind hierfür South Ronaldsay, Rousay, Shapinsay, Stronsay und Westray.

Es gibt keine ausgewiesenen **Mountainbike-Strecken** auf dem Archipel, da das bergige Hinterland häufig nicht erschlossen oder aufgrund vorhandener **Natur- und Vogelschutzgebiete** nicht zugänglich ist.

Einzig auf **Hoy** kann man von der Fußgängerfähre in Moaness [B8] bis Rackwick Bay 42 an der gegenüberliegenden Westküste durch bergiges Terrain fahren. Von Moaness aus kann man aber auch auf hügeliger Strecke entlang der Ostküste bis Lyness [C9] radeln und hat dabei die einzigartige Bergkulisse im Blick.

Empfehlenswerte **Fahrradverleihe** stehen im ersten Teil des Buches unter „Infos und Reisetipps“.

- **Infos:** www.orkney.com/things/leisure/cycling

Fast überall auf den Inseln kann man gut radeln

Die Golfplätze Orkneys sind gut gepflegt

072or-nh

Vogelbeobachtung

Birdwatching ist eine der wichtigsten Outdooraktivitäten auf den Orkney-Inseln. Zahlreiche **Wissenschaftler** und **Hobby-Ornithologen** reisen hierfür das ganze Jahr über auf den Archipel. Die Seeklippen dienen als Brutstätten für Seevögel, während die vielfältige, oft unberührte Landschaft die besten Voraussetzungen für seltene Vogelarten bietet. Darunter finden sich sowohl einheimische Arten als auch Zugvögel, die nur hier Station machen. Einige Arten sind ausgesprochen selten bzw. in unseren Gefilden nahezu unbekannt, sodass nur erfahrene Vogelkundler sie kennen, darunter Schneeammer, Steinschmätzer, Neuntöter, Wendehals oder Arktischer Redpoll. Eine gute Anlaufstelle für die Vogelbeobachtung und weiterführende Infos ist das **North Ronaldsay Bird Observatory** 86.

Es gibt zahlreiche ausgewiesene **Vogelschutzgebiete** auf den Inseln. Die Website der **RSPB (Royal Society for the Protection of Birds)** ist hierfür eine hilfreiche Auskunftsquelle. Während erfahrene Vogelbeobachter gut ausgerüstet mit Fernglas und Hintergrundwissen unterwegs sind, lohnt sich für den interessierten Laien eine **geführte Wanderung**, z. B. mit einem Ranger. Anbieter stehen im ersten Teil des Buches unter „Infos und Reisetipps". Empfehlenswert ist beispielsweise Wild Orkney Walks (s. S. 131). Weitere Infos:

- www.rspb.org.uk/reserves-and-events/reserves-a-z
- www.birdguides.com/sites/europe/britain-ireland/britain/scotland/orkney

Vogelkundler können zahlreiche Vogelarten im Inselreich Orkneys entdecken, darunter Kormorane (siehe Foto) und Eissturmvögel

ORKNEY ERLEBEN

073or-nh

Feste und Folklore

Wenn auf den Orkney-Inseln ein Fest oder Konzert stattfindet, dann können die Veranstalter davon ausgehen, dass es gut besucht sein wird. Die Orcadians sind gesellig und haben Gemeinschaftssinn. So nutzt man gern die Gelegenheit, sich mit Freunden und Familie zu treffen, wenn zum Beispiel eine namhafte Band spielt, ein Flohmarkt oder ein Vereinsfest stattfindet.

Über das Jahr hinweg finden viele **traditionelle Feste** statt, die ein großes Publikum anziehen, wie die Orkney County Show im August oder The Ba' über Weihnachten und Neujahr. Auch auf den kleineren Inseln gibt es traditionsreiche Veranstaltungen wie das North Ronaldsay Sheep Festival. Alte Bräuche werden gepflegt, wie das Reiterfestival Riding of the Marches zeigt.

Folk und Blues haben auf den Inseln eine lange Tradition. Fast jedes Kind lernt ein Instrument. Das **Orkney Traditional Music Project** sorgt dafür, dass das Spielen von *fiddle* (Geige) und *accordion* (Akkordeon) nicht aus der Mode kommt. Gleich vier Festivals bieten eine Bühne für einheimische und internationale Musiker: das St Magnus International Festival, das Orkney Folk Festival, das Orkney Blues Festival und das Orkney Rock Festival. **Termine** aktueller Veranstaltungen findet man auf der Website der Zeitung *The Orcadian* unter dem Menüpunkt „Gaan oot" („Ausgehen"):

› www.orcadian.co.uk/gaan-oot

Mai

› **Norwegian Constitution Day** (17. Mai): Am Nationaltag der Norweger zelebrieren die *Orcadians* die geschichtliche Verbundenheit mit dem Nachbarland in traditionellen Kostümen. Es gibt einen kurzen Umzug über die High Street ❸ von Kirkwall ❶ und anschließend ein Zusammentreffen in der St Magnus Cathedral ❹.

› **Orkney Folk Festival:** Am letzten Maiwochenende findet das Folk Festival statt, bei dem Bands und Solisten aus Orkney und dem Ausland an verschiedenen Orten auftreten, z. B. dem Ferry Inn (s. S. 31) in Stromness ⓬ (https://orkneyfolkfestival.com).

Juni/Juli

› **St Magnus International Festival:** Das inselweit stattfindende Festival in der dritten Juniwoche ist das größte Musik- und Kulturfestival des Archipels. Es wartet mit internationalen Darbietungen in den Bereichen Klassik und Folk, Theater, Tanz, Literatur und Comedy auf. Dabei profitiert man von den „Weißen Nächten", in denen es nicht dunkel wird (www.stmagnusfestival.com).

› **Stromness Shopping Week:** In der dritten Juliwoche verwandelt sich Stromness in ein riesiges Straßenfest mit Livemusik (http://stromnessshoppingweek.co.uk).

› **North Ronaldsay Sheep Festival:** Das Festival Ende Juli lädt zum Mitmachen ein – der traditionelle Steindeich für die Schafe wird instand gesetzt und es gibt eine Vielzahl handwerklicher Workshops und Vorträge, dazu Quiz und Musik (www.nrsheepfestival.com).

‹ Vorseite: Bei der Parade Riding of the Marches präsentieren die Reiter die Standarte mit dem Wappen Kirkwalls

› Bei der Orkney County Show kann man so manchem „Wikinger" begegnen

- **Westray Regatta Weekend:** Bei dem Segelevent Ende Juli gibt es freitags Livemusik im Community Centre in Pierowall [D2], am Samstagmorgen bevölkern Segelboote die Bucht, gefolgt von einer Floß- und einer Kinderregatta sowie einer großen Feier mit Livemusik samt Wikinger-Fackelparade. Sonntags wird ein Picknick veranstaltet.

August

- **West Mainland Agricultural Show** bzw. **Dounby Show Day:** Dieser Viehmarkt Anfang August in Dounby [B5] ist etwas kleiner als die Orkney County Show. Es gibt Essens- und Verkaufsstände.
- **Orkney County Show:** Der traditionelle Viehmarkt Ende August in Kirkwall ist das größte Volksfest Orkneys und wird begleitet von einem Jahrmarkt, Wikingerumzügen, Musik und Gastronomie. Das Event lockt auch Besucher vom Festland an (https://orkneycountyshow.co.uk).
- **Festival of the Horse and Boys Ploughing Match:** Dabei wird Ende August eine uralte Tradition zelebriert. Am Strand Sands of Wright in der Widewall Bay [D9] auf South Ronaldsay schmücken sich die Mädchen als Pferde heraus und die Jungen pflügen den Strand (Facebook: South Ronaldsay Boys Ploughing Match).
- **Riding of the Marches:** Bei dieser in den Straßen Kirkwalls stattfindenden Reiterparade Ende Aug./Anfang Sept. wird an die Verleihung des Stadtrechts im Jahr 1486 erinnert. Traditionell gekleidete Reiter tragen die Standarte mit dem Stadtwappen Kirkwalls und reiten entlang des Scapa Beach 7.

September bis November

- **Orkney International Science Festival:** Bei dem Festival Anfang Sept. wird in Form von Workshops, Vorträgen, Filmvorführungen etc. eine große Bandbreite an Themen behandelt, von Geologie bis zu umweltfreundlichen Technologien. Auch bekannte Wissenschaftler sind dann vor Ort (https://oisf.org).
- **Orkney Storytelling Festival:** Bei dem Ende Oktober stattfindenden Festival dreht sich alles um Geschichte(n) und Traditionen, auch alte Legenden von Finfolk (s. S. 72), Selkies (Robbenfrauen) und Goblins (Kobolden) leben dann wieder auf (https://orkneystorytellingfestival.co.uk).
- **Orkney Blues Festival:** Im November sind im Rahmen des Blueswochenendes viele schottische Bluesbands an verschiedenen Veranstaltungsorten in Stromness zu sehen (www.orkneyblues.co.uk).

074or-nh

Dezember bis Januar

- **The Ba'** (25. Dez. und 1. Jan.): Nur echte *Orcadians* dürfen bei diesem Spiel mitmachen, bei dem die *Uppies* und die *Doonies* einen kleinen Lederball in das Tor des Gegners befördern müssen. Dabei entsteht vor der St Magnus Cathedral ein riesiges Handgemenge aus mehreren Hundert Menschen. Die *Uppies* sind Bewohner des hochliegenden Teils von Kirkwall, die *Doonies* leben im hafennahen Bereich.
- **Silvester:** Am Stromness Pier und rund um die St Magnus Cathedral in Kirkwall versammeln sich Menschenmengen, dazu läuten die Kirchenglocken und die Schiffe im Hafen lassen ihre Signalhörner erklingen.

075or-nh

Kulinarische Entdeckungen

Der kulinarische Tagesablauf auf den Orkney-Inseln verläuft ähnlich wie im Rest von Schottland: Ein **Frühstück** besteht entweder aus Zerealien mit Milch, einem *cooked breakfast* aus Eiern, Speck *(bacon)*, Würstchen und Kartoffelkuchen oder einem *continental breakfast* mit Toast und Marmelade. Zum **Lunch** werden in Cafés, Bäckereien oder Supermärkten Sandwiches und warme *pasties* angeboten, Teigtaschen mit unterschiedlicher Füllung. In den Cafés gibt es zudem ganztags Suppen, Salate, Ofenkartoffeln *(baked potatoes)* oder Omeletts.

In der traditionellen Küche bestehen **Hauptgerichte**, die man mittags oder abends isst, meist aus Fleisch oder Fisch und sind sättigend sowie kalorienreich. Ein wärmendes Gericht für kalte Tage ist **mince and clapshot:** Hierfür wird aus Rinderhack eine dickflüssige Soße gekocht, dazu wird Kartoffel- und Pastinaken- oder Rübenstampf gereicht. **Patties** sind eine Art Frikadellen, die, mit Zwiebeln und Kartoffeln vermischt, frittiert werden. Zum einheimischen **Gemüse** gehören Kartoffeln, Kohlsorten wie Grünkohl und Mangold, aber auch Seetang. Zum einheimischen **Obst** gehören Beeren oder Rhabarber.

In den meisten **Restaurants** werden **regionale Produkte** verarbeitet. Dort gibt es immer eine Auswahl an Fisch und Schalentieren – von Krabben *(partan)* bis zu Hummer *(lobster)*. Rindfleisch, Lamm, Lachs und Mee-

Aus der Swannay Brewery (s. S. 42) stammt das leckere Inselbier

resfrüchte aus Orkney haben eine solch hohe Qualität, dass sie auch in gehobenen Restaurants auf dem Festland bis hin nach Europa verarbeitet werden.

Eine lokale Delikatesse, bei der die Meinungen auseinandergehen, ist **North Ronaldsay mutton,** Hammel von der Insel North Ronaldsay. Das Fleisch stammt von einer Schafsrasse, die sich ausschließlich von Seetang ernährt (s. S. 89). Es hat ein ungewöhnlich kräftiges Aroma, das man entweder mag oder nicht – es ist Geschmackssache.

„Glückliche" Kühe produzieren die Milch für den **Cheddar** aus der Molkerei Orkney Cheese Company (www.orkneycheddar.co.uk) und den **Grimbister Farm Cheese** sowie die leckere **Orkney Ice Cream** (www.orkneyicecream.com).

„Bere" ist eine alte Gerstenart, die es eigentlich nur noch auf den Orkney-Inseln gibt. Aus dem geschälten Vollkorn *(bere berries)* und dem Mehl werden verschiedene Getreideprodukte gefertigt, etwa Brot, Kuchen, Keks oder *porridge.* Aus *beremeal* backt man in der Pfanne einen kuchenartigen Fladen namens *bannock,* den man mit Butter bestreicht und mit Marmelade oder Käse genießt.

Einem gutem Tropfen **Whisky** oder **Gin** sind die *Orcadians* nicht abgeneigt. Die Palette der lokal produzierten Spirituosensorten ist groß und beinhaltet auch Aquavit. Allen voran ist hier der Whisky aus der Highland Park Distillery (s. S. 21) zu nennen, der nördlichsten Schnapsbrennerei der Welt. **Bier** wird in zwei Inselbrauereien gebraut, der Swannay Brewery (s. S. 42) und der Orkney Brewery (www.orkneybrewery.co.uk). Erstere nutzt hierfür auch die zuvor erwähnte historische Gerste. Bier wird auch mit Vorliebe beim Kochen verwendet und den dicken Fleischsoßen zugegeben.

Im Restaurant wird oft eine *service charge* von 10 % berechnet. Diese ist obligatorisch, es sei denn, man hat eine berechtigte Beschwerde. Wenn man mit dem Service besonders zufrieden war, kann man noch zusätzlich ein **Trinkgeld** in Höhe von 10–15 % geben. **Leitungswasser** kann bedenkenlos getrunken werden.

Meine Tipps

Lecker vegetarisch

Der kleine Gastropub **Helgi's** (s. S. 25) in Kirkwall 1 bietet schmackhafte **vegetarische Speisen,** in der Pizzabäckerei **Lucano** (s. S. 23), ebenfalls in Kirkwall, findet sich eine Auswahl an fleischlosen Gerichten. Wer etwas Edleres bevorzugt, der wird im Restaurant **The Foveran** (s. S. 48) südlich von Kirkwall fündig. **Vegane Gerichte** stehen auf der Speisekarte von **The Kirk Gallery & Café** (s. S. 24). **Fischesser** werden auf den Orkney-Inseln keine Probleme haben, da fangfrischer Fisch fast überall auf der Speisekarte steht.

Lokale mit Aussicht

- Vom **Beneth'ill Cafe** (s. S. 55) auf Hoy blickt man auf die Bay of Quoys und die Insel Graemsay, während im Hintergrund die Inselberge aufragen – ein zauberhafter Anblick.
- Von der Gartenterrasse des **Pierowall Hotel-Restaurants** (s. S. 86) auf Westray schaut man auf die friedliche und schön geformte Bucht vor dem Ort.
- **The Pier Bistro & Takeaway** (s. S. 32) in Stromness 12 hat eine kleine Außenterrasse mit Hafenblick. Hier kann man die Fähren und Fischerboote einlaufen sehen.

Was wo kaufen?

Die besten Möglichkeiten zum **Shopping** gibt es entlang der **High Street** 3 in **Kirkwall** 1, wo sich neben Geschäften für Souvenirs und lokale Produkte auch Modeläden finden. Tipps zu interessanten Ateliers und Boutiquen stehen bei den jeweiligen Orten im ersten Teil des Buches unter der Überschrift „Einkaufen".

Selbstversorger sollten beachten, dass es auf den Orkney-Inseln nur wenige **Supermärkte** bzw. **Lebensmittelgeschäfte** gibt. Die einzigen Supermärkte auf den Inseln, Tesco und Lidl, die auch Haushalts- und Bürowaren sowie Kleidung verkaufen, befinden sich in **Kirkwall** (s. S. 23 u. S. 24). Dort gibt es eine breite Auswahl an Speisen, darunter auch vegetarische und vegane Produkte. In **Stromness** 12 existiert eine kleine Niederlassung der Kette Co-op (s. S. 32), weitere Filialen finden sich in Kirkwall und Dounby (Letztere s. S. 39).

Die größeren Inseln wie Westray haben je einen oder zwei **Village Shops (Dorfläden)**, oft auch nur „The Shop" genannt, die die gängigsten (verpackten) Lebensmittel und Waren des täglichen Bedarfs führen. Frisches Gemüse und Obst ist meist in kleinerer Auswahl vorhanden.

Wer sich auf einer der entlegeneren Inseln einquartieren will und besondere Nahrungsmittel braucht, muss diese entweder in Kirkwall ein-

Orkney Creative Trail

Auf vielen Inseln im Archipel kann man die Ateliers von Schmuck- und Strickdesignern sowie Kunsthandwerkern entdecken. Sie schätzen die Natur und die Atmosphäre Orkneys und haben sich hier dauerhaft niedergelassen. Damit diese Kreativschaffenden nicht unbeachtet bleiben, hat man den Creative Trail entwickelt, eine Route, die von Atelier zu Atelier führt. Maler, Töpfer, Juweliere, Kunsthandwerker und Hersteller von Strickwaren, Textilkunst sowie Möbeln kann man im Rahmen dieses Trails in ihren Werkstätten besuchen und ihre Erzeugnisse auch kaufen.

Besonders die **Juweliere** stechen hervor, die mit Vorliebe Motive nutzen, die sich an der Natur Orkneys, dem Licht und dem Wasser orientieren oder die vom historischen Erbe wie dem Ring of Brodgar 22 und den Runen von Maeshowe 24 inspiriert sind. Aurora Jewellery (s. S. 23) hat sogar eine ganze Kollektion für die Fantasy-Serie „Outlander" entworfen, die im Schottland des 18. Jh. spielt. Besonders markant sind auch die aus Treibholz und Flechtware gefertigten Möbel von Fraser Anderson (s. S. 23).

Auf der offiziellen Website Orkneys kann man eine Liste mit den Adressen der Ateliers und Beschreibungen herunterladen, es gibt auch eine Karte zur Orientierung. Manche der Ateliers, wie zum Beispiel das von Sheila Fleet (s. S. 24), haben angeschlossene Cafés oder Restaurants, sodass man den Besuch auch mit einer längeren Rast kombinieren kann. Man sollte sich allerdings vorher über die Öffnungszeiten informieren, denn manche Ateliers sind nicht jeden Tag oder nur halbtags geöffnet.

› **Infos:** www.orkney.com/life/industry/creative/trail

› **Stronsay Craft Trail:** s. S. 75

077or-nh

kaufen oder vom Festland mitbringen. Ansonsten kann man Grundnahrungsmittel häufig auch auf **Bauernhöfen** direkt vom Erzeuger kaufen. **Biogemüse** bekommt man auf Wheems Organic Farm (s. S. 62) in St Margaret's Hope 50 auf South Ronaldsay, **Biowurst- und Biofleisch** etwa bei Donaldson's of Orkney (s. S. 23) in Kirkwall.

Fangfrischen **Fisch und Meeresfrüchte** gibt es beispielsweise bei Orkney Fish (s. S. 32) in Stromness, während das frische Krabbenfleisch von Westray Processors nicht nur auf den Inseln verkauft wird, sondern auch in die Läden des Festlands gelangt.

Bei längeren Ausflügen sollte man immer **Verpflegung** mitnehmen, denn die Fähren bieten dies nicht notwendigerweise an. Auch an den Fährterminals, die oft nur aus einem kleinen Pier bestehen, gibt es meist weder Cafés noch Automaten für Getränke oder Lebensmittel. Village Shops oder Lokale sind oft keine Alternative, denn sie sind in der Regel nicht zentral gelegen, sondern weit verstreut oder haben nur sehr begrenzte Öffnungszeiten.

Natur erleben

Keine Frage: Das Naturerlebnis steht bei einem Besuch Orkneys im Vordergrund. Auf den zwischen Atlantik und Nordsee liegenden Eilanden hat man immer das Gefühl von Freiheit und Weite, denn der Blick reicht weit bis zum Horizont. **Wetterwechsel** sorgen häufig für einen dramatisch aussehenden Himmel und nirgendwo scheint die Sonne so klar wie in nördlichen Gefilden. Wenn der Wind die Wolken wegbläst, erstrahlen die grünen Inseln in leuchtenden Farben. In langen Winternächten sieht man hier die **Aurora borealis**, das Nordlicht, am Himmel tanzen.

Geografie, Geologie und Klimawandel

Der Anstieg des Meeresspiegels nach der letzten **Eiszeit** vor 10.000 Jahren hat die heutige Insellandschaft geschaffen. Als die ersten Menschen ihre Siedlungen bauten, wie bei-

Der unverstellte Blick aufs Meer gehört zum Naturerlebnis Orkneys

spielsweise in Skara Brae 18, lag der Meeresspiegel noch etwas tiefer, erst um etwa 4000 v. Chr. erreichte er die aktuelle Höhe.

Hoy ähnelt von seiner **Landschaft** her den schottischen Highlands, ist damit aber untypisch für den Archipel. Die weiter nördlich liegenden Inseln sind flacher und haben alle ihren unverwechselbaren Charakter. Während die Westküsten von Mainland und der Insel Westray atemberaubende Seeklippen aufweisen, bestimmen im Inselinneren sattgrüne Wiesen und Felder, Heideland und sanfte Hügel das Bild.

Die Küsten und Sunde zwischen den Inseln sind durchzogen von *skerries,* den **Schären.** Hier entstehen gefährliche Strömungen, die schon vielen Schiffen zum Verhängnis wurden. Das betrifft den Pentland Firth zwischen Hoy und dem Festland, den Eynhallow Sound zwischen Mainland und Rousay, aber auch die Sunde zwischen den anderen North Isles. Nicht nur vor Eday hat man sich die hohe Geschwindigkeit der **Gezeitenströme** zu Nutzen gemacht, um **Gezeitenkraftwerke** zu testen. In Eday fließen bei Flut bis zu einer halben Milliarde Tonnen Wasser pro Stunde mit acht Knoten durch die Turbinen.

Das **Gestein** unterhalb der Felsnadel Old Man of Hoy 41, bei South Ronaldsay und East Mainland ist vulkanischen Ursprungs (Gneis und Granit). Ansonsten herrscht **Old-Red-Sandstein** aus dem Devon vor, der etwa 355 Mio. Jahre alt ist. Die verschiedenen Gesteinsschichten, die durch Erdbewegung und Erosion aufeinandergeschichtet wurden, kann man besonders gut an den zerklüfteten Küsten erkennen, wo diese freiliegen. Da der Sandstein gut zugänglich und leicht abzubauen war, wurde er bereits von den Menschen der Vorzeit als Baumaterial verwendet.

Heute sind die Inseln durch den **Klimawandel** gefährdet, vor allem die flachen North Isles wären bei einem starken Anstieg des Meeresspiegels irgendwann vom Untergang bedroht. An den Klippen am Westrand der Inseln, beispielsweise Yesnaby 17, die für ihre interessanten geologischen Formationen bekannt sind, kommt es aufgrund von **Erosion** durch Stürme und Starkregen vermehrt zu Abbrüchen.

Wegen des **Golfstroms** ist es auf dem Archipel stets um einige Grad wärmer als in anderen Regionen auf demselben Breitengrad, wie etwa Neufundland. Dafür ist das Wetter wechselhaft. Infolge der Klimaerwärmung hat der **Regen** zugenommen, was Auswirkungen auf die Viehwirtschaft hat, da die Tiere weniger lange draußen grasen können.

Flora und Fauna

Verlässt man Orkneys Ortschaften, ist man sofort mitten in der Natur. Weite Bereiche sind als **Natur- oder Vogelschutzgebiete** ausgewiesen.

Allgegenwärtig sind **Wasservögel,** die im seichten Gewässer waten und in der Heidelandschaft oder am Strand zwischen den Felsen nisten. Es gibt einundzwanzig Arten von Wasservögeln, darunter Dreizehenmöwen *(kittwake),* große Raubmöven *(great skua),* Trottellummen *(guillemot),* Küstenseeschwalben *(arctic terns),* Kormorane *(cormorants)* und natürlich die farbenfrohen Papageientau-

Pferde und Schafe machen auf den Inseln einen besonders glücklichen Eindruck und sind weniger scheu

cher *(puffins)*. Unter den Raubvögeln finden sich Kornweihen *(hen harrier)* und Seeadler *(white-tailed eagle)*. Oft sieht man Brachvögel *(curlew)*, seltener und sonst fast überall vom Aussterben bedroht ist der Wachtelkönig *(corncrake)*. Pfeifenten *(wigeons)* kommen aus Island nach Orkney. Große Schwärme von **Zugvögeln** nisten zwischen April und Juli fast überall auf den Inseln.

Seehundbänke finden sich an vielen Stellen. Auf den Orkney-Inseln leben neben Seehunden *(harbour seal)* auch Kegelrobben *(grey seals)*. Selten werden auch Walrosse auf den nördlichsten Inseln gesichtet. Delfine *(dolphin)*, Schweinswale *(porpoise)* und **Orcas** (Schwertwale) sind keine Seltenheit in den Gewässern rund um Orkney. Recht weit verbreitet ist auch der Fischotter *(Eurasian otter)* und die Wühlmaus *(vole)*.

Orkneys **Wiesen** sind voller Kräuter, Pflanzen und Wildblumen wie der äußerst seltenen Schottischen Primel *(Scottish primrose)*. Ihre Blüten bieten ausreichend Nahrung für **Insekten** wie Hummeln *(bumblebee)*, auch Libellen *(dragonfly)* sind weit verbreitet. In der Nähe von Seen und Binnenseen muss man auf Stechmücken *(midges)* vorbereitet sein, die in großen Schwärmen auftreten.

Da es auf dem Archipel **kaum Bäume** gibt, gibt es wenig bis kein Baumobst, sondern bestenfalls Beeren oder Rhabarber. Alles andere muss in Gewächshäusern gezüchtet oder importiert werden. Zum Landschaftsbild Orkneys zählen große Herden „glücklicher" **Kühe und Schafe** auf saftigen Weiden, ebenso wie die Fischerboote in den Häfen sowie **Austernkörbe** und **Lachsfarmen** vor den Küsten.

Wie auch in anderen Ozeanen sind die Gewässer rund um Orkney durch **Mikroplastik** aus Verpackungen und Kosmetika belastet, das hier angeschwemmt wird. Es stellt für Vögel und Fische eine Gefahr dar.

012or-nh

Von den Anfängen bis zur Gegenwart

Orkney war von ca. 3700 bis 2600 v. Chr. ein bedeutendes und für die damalige Zeit recht dicht besiedeltes Zentrum der Menschen frühzeitlicher Kulturen. Anders als auf anderen Inseln im Nordmeer war die Land- und Viehwirtschaft aufgrund des milderen Klimas wichtiger als der Fischfang.

Eine **Volksweisheit** beschreibt die *Orcadians* scherzhaft als Landwirte, die auch ein Boot besitzen, und die Bewohner Shetlands als Fischer, die auch ein Stück Land besitzen.

Ihre strategisch günstige Lage zwischen Norwegen und Schottland machte die Orkney-Inseln im Mittelalter zu einem idealen Stützpunkt der **Wikinger.** Der riesige natürliche Hafen Scapa Flow war im Ersten und Zweiten Weltkrieg Stützpunkt der **britischen Marine.** Mitte der 1970er-Jahre entstand auf der Insel Flotta ein Terminal für **Nordseeöl.** Heute macht Orkney mit **umweltfreundlicher Technologie** von sich reden.

10.000–4000 v. Chr.

Die **ersten Spuren** von Menschen gehen zurück auf das Jahr 10.000 v. Chr. Schon während der **Eiszeit,** als die Landmassen noch miteinander verbunden waren, gelangten Menschen über das Gebiet der heutigen Nordsee (Doggerland) nach Orkney. Etwa 8000 v. Chr. stieg der **Meeresspiegel** durch das schmelzende Eis langsam an und die Inseln bildeten sich. Das Klima wandelte sich, es wurde wärmer und auch die Vegetation veränderte sich: Haselsträucher und niedrige Birken prägten nun das Antlitz der Inseln. Die Menschen der Vorzeit verwendeten Bäume und Sträucher als Nutz- und Brennholz.

Neolithikum (3700–2000 v. Chr.)

Der älteste jungsteinzeitliche Bauernhof auf den Inseln ist **Knap of Howar** 83 in Papa Westray, der auf die Zeit um 3500 v. Chr. datiert wird. In den folgenden Jahrhunderten entstanden die Steinkreise **Standing Stones of Stenness** 20 und **Ring of Brodgar** 22 – beide älter als Stonehenge und als die Pyramiden von Gizeh. Ein heftiger Sturm im Jahr 1850 enthüllte die Überreste der Siedlung **Skara Brae** 18 in Sandwick auf Mainland. Sie ist die besterhaltene Siedlungsstätte jener Zeit in Nordeuropa und war von 3100–2500 v. Chr. besiedelt. Die genannten Megalithanlagen wurden von der UNESCO in das **Weltkulturerbe** aufgenommen.

Gleichzeitig entstanden aufwendige, aus Stein gebaute **Grabstätten,** sogenannte *chambered cairns* (**Kammergräber**) wie **Maeshowe** 24, **Unstan** 25 oder **Midhowe** 62. Lokal verbreitet sind der **Orkney-Cromarty-Typ** und der **Maeshowe-Typ.** Ersterer besteht aus einem langen, rechteckigen Raum mit mehreren, durch Platten abgetrennten Nischen bzw. Boxen. Letzteren gibt es nur auf den Orkney-Inseln; er besitzt einen zentralen Raum, von dem Seitenkammern abzweigen.

Eisenzeit (600–100 v. Chr.)

In der Eisenzeit entstanden die **Brochs,** zwei- oder mehrstöckige, fensterlose **Rundtürme** aus Stein, die an verschiedenen Orten in Schottland zu finden sind und von Menschen bewohnt wurden. Die Bezeichnung ist abgeleitet von *brough* oder *burgh* (Lowland Scots für „Burg"). Einige da-

Die Orkneyinga Saga

Unter den Wikingern wurden die Inseln im 9. Jh. Teil des norwegischen Reiches, bis sie Ende des 15. Jh. an Schottland fielen. Die Tatsache, dass die mittelalterlichen Historiker den Inseln ein eigenes Buch widmeten, unterstreicht ihre Bedeutung für das norwegische Reich.

Die Orkneyinga Saga, auch bekannt als „Geschichte der Jarle von Orkney", wurde im späten 12. und 13. Jh. rückblickend von unbekannten Autoren verfasst. Sie erzählt, wie die Wikinger die Herrschaft über Orkney und Shetland gewannen und folgt dem Stammbaum der adligen **Jarle** („Earls" bzw. „Grafen"). In der Tradition der Heldensagen schmückt der Text geschichtliche Ereignisse mit blumigen Beschreibungen und erfundenen Heldentaten aus.

Der isländische Historiker **Snorri Sturluson** (1179–1241) nutzte die Sage im Jahr 1230 – neben anderen Quellen – als Vorlage für die **Heimskringla,** eine bekannte Saga über die norwegischen Könige. Auch im altisländischen Werk **Landnámabók,** das die Geschichte der Besiedelung Islands erzählt, tauchen Personen aus der Orkneyinga Saga auf.

Zwar kann man diese Texte nicht als historische Quellen betrachten, aber man kann die Schilderungen vergleichen und Anhaltspunkte dafür finden, was sich damals zugetragen haben mag. So geht etwa aus der Orkneyinga Saga hervor, dass **Einarr Rognvaldarson,** auch bekannt als **Torf-Einarr,** im 10. Jh. jene Dynastie gründete, die die Orkney- und Shetland-Inseln bis ins Jahr 1470 regierte. Er hatte die Inseln von **Harald Schönhaar I.,** dem ersten König von Norwegen, zugesprochen bekommen.

Thorfinn Sigurdsson (1009–1065), auch **Thorfinn the Mighty („Thorfinn der Mächtige"),** gilt als einer der bedeutendsten Jarle von Orkney. Seine Mutter war Tochter des schottischen Königs Malcolm II., an dessen Hof er aufwuchs. Durch Thorfinn erweiterte sich der Herrschaftsbereich der Jarle und schloss auch die Grafschaft Caithness auf dem Festland mit ein. Nach einer Pilgerfahrt nach Rom im Jahr 1048 erbaute er die St Magnus Church 32 in Birsay nahe dem Palast, in dem er in seinen späteren Lebensjahren residiert haben soll. Auch soll er Thorolf, den ersten Bischof von Orkney, eingesetzt haben.

Sein Neffe, **Magnús Erlendsson** (s. S. 18), war bis 1114 mitregierender Jarl von Orkney. Dem später heiliggesprochenen Märtyer wurde die St Magnus Cathedral 4 in Kirkwall 1 geweiht. Die Linie der norwegischen Jarle endete 1231 mit der Ermordung von **Jon Haraldsson.**

von, wie der **Broch of Gurness** 34 auf Mainland oder **Midhowe Broch** 63 auf Rousay, sind bis heute erstaunlich gut erhalten. Sie sind alle nach demselben Muster angelegt, nämlich als sechs bis zehn Meter hohe, kegelförmige Türme aus Trockensteinmauern. Im Inneren gab es im Erdgeschoss einen zentralen Raum, wo das Feuer brannte. Davon zweigten weitere Räume ab bzw. es fanden sich in Nischen aus Stein eingebaute Schränke und Betten. Entlang der äußeren Doppelmauer schlängelte sich eine hölzerne Wendeltreppe hinauf zu den oberen Stockwerken.

Die Pikten (300 n. Chr.– 850 n. Chr.)

Das **Volk der Pikten** beherrschte den Nordosten Schottlands bis ins 9. Jh. hinein. Der Name geht auf die Römer zurück, die sie *picti* („bemalt") nannten, da sie Tätowierungen hatten. Ihre Sprache gehörte zur p-keltischen, brythonischen (britannischen) Familie. Auf den Orkney-Inseln nutzten die Pikten oft bereits bestehende Siedlungen aus der Eisenzeit, wie zum Beispiel die **Brough of Birsay** 33. Von ihren ovalen Häusern aus Holz blieb wenig erhalten, man fand jedoch eine Stele aus dem 9. Jh., in die ein christliches Kreuz eingraviert war. Nach Überfällen durch die **Wikinger** im 9. Jh. gibt es keine Zeugnisse piktischer Kultur mehr auf dem Archipel.

Christianisierung

Der Orkneyinga Saga (s. S. 113) nach soll der auf den Orkney-Inseln geborene, später missionarisch tätige König **Olaf Tryggvason I.** (um 960–1000) die Inseln christianisiert haben. Dies deckt sich allerdings nicht mit der Tatsache, dass die piktischen Voreinwohner Orkneys nach historischen Quellen bereits im 6. Jh. von dem irischen Mönch **St. Columba** (Columban von Iona) bekehrt worden sein sollen. Als die Wikinger auf die Inseln kamen, muss es dort also bereits gläubige Christen gegeben haben.

Schottische Herrschaft

Im 13. Jh. mussten die Wikinger nach der Niederlage in der **Schlacht von Largs** im Jahr 1263 ihren Besitz vor der Westküste Schottlands aufgeben, darunter auch die Hebrideninseln. Auf dem Rückzug verstarb König **Håkon IV.** (1204–1263) im Bischofspalast 5 von Kirkwall 1. Danach begann der Einfluss der Norweger auf die Inseln zu schwinden.

1469 heiratete der schottische König **James III.** die Tochter des dänischen Königs Christian I., **Margarete von Dänemark.** Christian I. war der Herzog von Schleswig und Holstein und wurde nach der Union von Dänemark und Norwegen auch König von Norwegen. Margarete brachte die Orkney- und die Shetland-Inseln als Mitgift in die Ehe, die 1472 offiziell unter schottische Herrschaft kamen.

Das Land wurde unter den adligen **Lairds** (Lords) aufgeteilt, die von den Bürgern Steuern erhoben und daher nicht besonders beliebt waren. Zudem gab es Auseinandersetzungen zwischen mächtigen Familien wie den Sinclairs. 1529 kam es zur **Schlacht von Summerdale** (s. S. 48), in der sich die Sinclairs mit Rivalen aus Caithness bekämpften.

1540 besuchte König James V. die Inseln, um die Konflikte zu lösen. Danach regierten Mitglieder aus der königlichen Familie der Stewarts das Inselreich. **Robert Stewart** (1533–1593), ein illegitimer Sohn von James V. und Halbbruder von Mary Stuart, der Königin Schottlands, wurde 1581 zum Earl von Orkney ernannt und erbaute einen Palast 31 in Birsay. Sein Sohn und Nachfolger **Patrick Stewart** (1566–1615) wirtschaftete das Anwesen herunter und ließ stattdessen um 1600 einen neuen Earl's Palace 5 in Kirkwall erbauen. Nachdem er an einer Rebellion gegen König James VI. teilgenommen hatte, wurde er wegen Hochverrats hingerichtet.

Das norwegische Recht wurde 1611 außer Kraft gesetzt, lediglich Teile des Landrechts namens **Udal**

law (Odalsrecht im Sinne eines vererbten Familieneigentums) sind bis heute erhalten. Das Land ging in die Hände von Gutsherren über, die Pächter *(crofters)* einsetzten, um es zu bewirtschaften. Die *crofters* lebten meist am Existenzminimum und waren dem Gutdünken ihres Lairds ausgeliefert.

17.–19. Jahrhundert

Im 17. und 18. Jh. machten regelmäßig große Handelsschiffe der königlichen Handelsgesellschaft **Hudson's Bay Company** auf den Orkney-Inseln Station, die in Kanadas Hudson Bay Jagd auf damals begehrte Biberfelle machten. Die Schiffe füllten in Stromness 12 ihre Vorräte auf und heuerten Arbeitskräfte an. Bis 1799 waren fast drei Viertel aller Angestellten der Firma *Orcadians.* Matrosen aus Orkney heuerten auch auf den großen Walfängern an, die hier haltmachten.

Im 18. Jh. spielte auf den nördlichen Inseln die Herstellung von **Potassium** (**Kalium**) und **Kaliumcarbonat** (**Pottasche**) aus **Seetang** eine wichtige Rolle. Der Seetang, bestehend aus Braunalgen, wurde in speziellen Mulden oder Brennöfen *(kilns)* zu „**kelp**" verbrannt, eine alkalihaltige Asche, die man zu Manufakturen auf dem Festland exportierte. Dort diente diese zur Herstellung von **Fensterglas**, außerdem wurde Jod daraus gewonnen. Die Asche enthielt allerdings auch Arsen, das vom Wind auf die Weiden geblasen wurde und das Vieh krank machte.

Anfang des 19. Jh. vertrieben die Landeigentümer während der **Highland Clearances** ihre Pächter von dem bewirtschafteten Land und stellten auf Schaf- und Rinderzucht um. Ein Überbleibsel aus dieser Zeit sind verfallene Steinhäuser *(crofts),* die noch heute als Ruinen überall auf den Inseln stehen.

Ende des 19. Jh. zog der **Heringsboom** Hunderte von Fischern an, die mit ihren kleinen Booten aufs Meer fuhren und reiche Beute machten. Auch zahllose junge Frauen kamen nach Orkney, um den Fisch an Land weiterzuverarbeiten. In den Kneipen wurde in jener Zeit viel Alkohol konsumiert – 1842 gab es allein in Stromness mehr als vierzig Pubs. Um dieser Entwicklung entgegenzusteuern, wurde die **Prohibition** eingeführt: Von 1920 bis 1947 galt auf den Inseln ein absolutes Alkoholverbot.

Erster und Zweiter Weltkrieg

Während des Ersten Weltkriegs diente der natürliche Hafen **Scapa Flow** als permanenter Flottenstützpunkt der **Royal Navy**, die Besatzung war fast 100.000 Mann stark. So wollte man die Gefahr einer Invasion deutscher Truppen über die Nordsee abwehren. Die Einfahrtskanäle zwischen den südlichen Inseln wurden von Kanonen bewacht, unter Wasser wurden Netze gegen U-Boote gespannt und Minen eingesetzt. Zusätzlich versenkte man an strategischen Punkten Schiffe, deren Wracks die Einfahrt erschweren sollten.

1916 sank der britische Panzerkreuzer **HMS Hampshire** vor Marwick Head 29. Die **HMS Vanguard** ging am 9. Juli 1917 vor der Insel Flotta nach einem Feuer und einer Explosion an Bord unter; 843 Menschen fanden den Tod. Ein Ereignis mit nachhaltender Wirkung war die **Selbstversenkung der Kaiserlichen Hochseeflotte** am 21. Juni 1919 in Scapa Flow durch den deutschen Seeadmiral Reuter (s. S. 53).

Auch der Zweite Weltkrieg ging nicht spurlos an Orkney vorbei. Die **HMS Royal Oak** wurde am 14. Oktober 1939 durch das deutsche U-Boot U 47 versenkt, das bei South Walls in den Hafen von Scapa Flow eingedrungen war. 833 Menschen starben. Daraufhin veranlasste Premierminister Churchill den Bau der **Churchill Barriers** 47, künstlich aufgeschütteter Dämme, die die südlichen Inseln durch eine Landbrücke miteinander verbanden und die Eingänge in den Hafen Scapa Flow von der Nordseeseite her dauerhaft blockierten.

21. Jahrhundert

Mitte der 1970er-Jahre wurde Orkney zu Schottlands Hoffnungsträger für die Unabhängigkeit vom Vereinigten Königreich, denn das **Nordseeöl**, das zwischen Aberdeen und der norwegischen Stadt Bergen entdeckt wurde, sollte als wirtschaftliche Grundlage für ein eigenständiges Schottland dienen. Nach wie vor wird im Terminal auf der Insel Flotta Rohöl für die Verladung auf große Tanker verarbeitet.

Angesichts der **Klimakrise** ist es jedoch eher Orkneys Reichtum an **erneuerbaren Ressourcen** wie Wellen, Wasserkraft und Windenergie, der heute auch international von Interesse ist. Bereits 2003 begann das **European Marine Energy Centre** damit, **Wellen- und Gezeitenkraftwerke** vor Orkneys Küsten zu testen. Nun blickt die Welt auf die modernen Forschungsanlagen, die zukunftsweisende Technologien wie Wasserstoff und Brennstoffzellen als alternative Energieträger zur Stromerzeugung erproben.

Seit 2007 hat Orkney seine **eigene Flagge**, bestehend aus einem blauen skandinavischen Kreuz mit gelber Kontur auf hellrotem Grund.

Die Unabhängigkeitsbestrebungen der Schotten tragen die *Orcadians* nicht mit: Sie stimmten 2014 mehrheitlich gegen eine Ablösung vom Vereinigten Königreich. Zugleich votierten sie 2016 vehement gegen den **Brexit**.

Das Verwaltungsorgan der Inseln, der **Orkney Island Council**, besteht zum größten Teil aus parteiunabhängigen Politikern. Orkney fordert mehr Selbstbestimmungsrechte von Edinburgh, um seine Ressourcen besser nutzen zu können, insbesondere weil die enge Zusammenarbeit mit der EU seit dem Brexit angesichts bürokratischer Hürden schwieriger geworden ist.

Als kleine Inselwelt mit großen Ambitionen scheut man sich nicht, Allianzen außerhalb Großbritanniens einzugehen. So besteht ein enges Verhältnis zu den **Staaten des Nördlichen Polarkreises (Arctic Circle)** wie Norwegen und Island.

Die **Coronakrise** hat die entlegenen Inseln empfindlich getroffen, da der wichtige Einkommenszweig des Tourismus fast lahmgelegt wurde. Viele Einrichtungen wie der Musikpub The Reel in Kirkwall – eine wahre Institution – haben die Krise nicht überlebt. Die Coronaregeln in Schottland waren strenger als beim Nachbarn England; noch im Winter 2021 waren viele Einrichtungen geschlossen.

PRAKTISCHE REISETIPPS

080or-nh

An- und Rückreise

Mit dem Flugzeug

Von Deutschland, Österreich und der Schweiz aus gibt es **keine Direktverbindungen** nach Orkney. Aus verschiedenen Städten in Großbritannien werden jedoch zahlreiche Flüge auf die Inseln angeboten: **Loganair** fliegt von Edinburgh (1 Std., 10 Min.), Glasgow (1 Std., 15 Min.), Aberdeen (55 Min.) und Inverness (45 Min.) direkt in die **Hauptstadt Kirkwall** ❶. In die genannten Städte bestehen etliche Verbindungen von Deutschland, Österreich und der Schweiz aus.

Der **Flughafen** (Kürzel KOI bzw. EGPA) liegt rund 6 km südöstlich von Kirkwall. Vom und zum Flughafen verkehrt der **Stagecoach-Bus Nr. 4** (Fahrzeit ca. 10 Min., Halt am Busbahnhof, s. S. 132). Auch **Taxis** (s. S. 133) bieten ihre Dienste an, am Flughafen gibt es zudem ein **Mietwagenbüro** (s. S. 121).

› **Kirkwall Airport** <156> KW15 1TH, Tel. 01856 886210, www.hial.co.uk/kirkwall-airport

Flugverkehr zwischen den Inseln

Innerhalb der Inseln bietet **Loganair** von **Kirkwall** aus Kurzflüge mit kleinen Jets an. Der sogenannte **Orkney Inter-Island Service** schließt eine Lücke zwischen den Fährverbindungen auf die entlegeneren Inseln. Die Flüge werden zum Beispiel dann notwendig, wenn die Fähren bei schlechtem Wetter nicht fahren können. Daher werden sie stark subventioniert und sind ausgesprochen preiswert (z. B. Kirkwall – North Ronaldsay 36 £ für Hin- und Rückflug). Alle Verbindungen sind jedoch wetterabhängig.

› **Logan Air:** www.loganair.co.uk/destinations/scotland/orkney-inter-island, Tel. 01856 872494

Mit der Fähre

Wer **mit Auto und Fähre** anreist, hat zwar eine vergleichsweise lange Anreise, kann aber sein Auto für die Inselerkundung nutzen. Autofahrer aus Mitteleuropa sollten eine der **Nachtfähren von den Niederlanden nach Nordengland** nutzen. Es gibt Verbindungen von Amsterdam nach Newcastle-upon-Tyne (DFDS) oder von Rotterdam nach Hull (P&O).

Von Newcastle-upon-Tyne zur **Anschlussfähre ab Aberdeen** sind es 373 km, von Hull 644 km. Auf dieser Route könnte man eine oder mehrere Übernachtungen in Aberdeen einplanen.

Von Newcastle-upon-Tyne nach **Thurso** an der nordschottischen Küste sind es 600 km, von Hull 854 km (via Edinburgh/M90). Die Strecke von **Edinburgh** nach Nordschottland ist landschaftlich sehr reizvoll. Sie führt vorbei an Perth, durch das Gebirge Cairngorms und von Inverness entlang der Touristenroute **North Coast 500**. Die Autobahn endet in Perth, von dort geht es auf der Bundesstraße A9 weiter. Diese weist einige spektakuläre **Serpentinen** und unwegsamere Strecken auf. Man sollte daher ab Edinburgh eine Fahrtzeit von acht Stunden mit Pausen einplanen. Binnen eines Tages ist der Anschluss an die Fähre kaum zu schaffen, daher bietet sich eine **Übernachtung in Thurso oder John O'Groats** an.

◁ Vorseite: Vom Kirkwall Pier ❷ starten die Fähren zu den North Isles

▷ Kleine Maschinen verbinden die Hauptstadt ❶ mit den Nordinseln

Während **Thurso** vor allem Einkaufsmöglichkeiten bietet, hat sich **John O'Groats** (www.visitjohnogroats.com) zu einem kleinen Touristenzentrum rund um den „nördlichsten Punkt Schottlands" entwickelt, obwohl dieser weiter westlich am Dunnet Head liegt. Eine Fähre gibt es hier übrigens schon seit 1496, als der Niederländer Jan de Groot mit seinem Boot die Überfahrt über den hier sehr schmalen Pentland Firth wagte. Die schönsten Orte für eine Übernachtung findet man rund um die Dunnet Head Bay.

Vom schottischen Festland gibt es insgesamt **vier Fährverbindungen** auf die Orkney-Inseln:

- **Aberdeen – Kirkwall, Mainland:** Autofähre, 6 Std. Fahrzeit
- **Scrabster – Stromness** 12, **Mainland:** Autofähre, 1½ Std. Fahrzeit
- **Gills Bay – St. Margaret's Hope** 50, **South Ronaldsay:** Autofähre, 1 Std. Fahrzeit
- **John O'Groats – Burwick** [D10], **South Ronaldsay:** Personenfähre im Sommer, 40 Min. Fahrzeit

Details zu Abfahrtsorten, Fahrzeiten, Preisen und Buchung:

- **Aberdeen Ferry Terminal** <157> Jamieson's Quay, AB115NP, Abfahrt um 17, Ankunft um 23 Uhr; Auto 121 £, Erw. 34 £, Kinder 5–15 Jahre 16,85 £. Ankunft in Kirkwall am Hatston Pier (s. S. 120), von dort verkehrt ein Shuttlebus in den Stadtkern und nach Stromness.
- **Scrabster Ferry Terminal** <158> Queen Elizabeth Pier, Caithness, KW147UT, Abfahrten im Sommer tägl. 8.45, 13.15 und 19 Uhr, im Winter tägl. 6.30 und 16.45 Uhr, einfache Fahrt in der Hochsaison (Mitte Juni–Aug.) Auto 64 £, Erw. 20,85 £, Kinder 5–15 Jahre 10,50 £. Vom Pier in Stromness verkehrt der Bus X1 nach Kirkwall.
- **Buchung ab Aberdeen und Scrabster:** www.northlinkferries.co.uk
- **Pentland Ferry Terminal Gills Bay** <159> Canisbay, Wick, KW14YB, Tel. 01856 831226, https://pentlandferries.co.uk, Abfahrten tägl. 7.45, 11.30 und 17 Uhr, Auto 40 £, Erw. 17 £, Kinder 5–15 Jahre 9 £. Vom Terminal fährt der Bus X1 nach Kirkwall und Stromness.

085or-nh

- **John O'Groats Ferry Terminal** <160> Wick KW14YR, Tel. 01955 611353, www.jogferry.co.uk, Abfahrten Mai–Sept. Hinfahrt 8.45 u. 16.15 Uhr, Rückfahrt 9.30 u. 17.30 Uhr, Erw. 20 £, Kinder unter 16 Jahren 10 £ (inkl. Shuttlebus nach Kirkwall). Fahrräder können an Bord mitgenommen und mit dem Shuttlebus transportiert werden.

Mit dem Kreuzfahrtschiff

Orkney ist eine der meistbesuchten Destinationen für Kreuzfahrtschiffe internationaler Veranstalter in Großbritannien. Diese legen meist am **Hatston Pier** in Kirkwall an. Von April bis Oktober ankern oft mehrere Schiffe gleichzeitig im Hafen. Vom Hatston Pier verkehren **kostenfreie Shuttlebusse** zum Kirkwall iCentre (s. S. 20) in der Innenstadt, zu Fuß sind es ca. 40 Min. (4 km).

Wer mit dem Kreuzfahrtschiff anreist und keine Tour gebucht hat, kann die wichtigsten Sehenswürdigkeiten auch auf eigene Faust erkunden. Aufgrund der Zeitknappheit ist es allerdings ratsam, vorher ein **Taxi** (s. S. 133) oder eine **Tour** bei einem Veranstalter zu buchen (s. S. 130) bzw. sich über den **Busfahrplan** (s. S. 132) zu informieren. Tickets für stark besuchte Sehenswürdigkeiten wie Skara Brae 18 sollte man im Voraus reservieren.

- **Hatston Pier** <161> Kirkwall, X2XGW9
- www.orkneyharbours.com/sectors/cruise-ships
- www.cruise-orkney.com/info/kirkwall

Mit der Bahn

Auf den Orkney-Inseln selbst gibt es keine Bahn, die Linie endet in **Thurso** auf dem Festland. Eine Anreise mit der Bahn bis Thurso ist möglich. Hierfür sollte man mindestens **zwei Tage Reisezeit** einplanen (z. B. Köln bis London: ca. 6 Std., London bis Edinburgh: 4½ Std., Edinburgh bis Thurso: 7½ Std., ohne Umsteigezeiten). Von Thurso verkehren **Busse** zum **Fährterminal in Scrabster** (s. S. 119).

Kreuzfahrtschiffe legen regelmäßig in Kirkwall an

078or-nh

Autofahren

Vor allem zur Erkundung entlegener Orte auf den Orkney-Inseln ist ein Auto sehr hilfreich, da kaum Verbindungen mit öffentlichen Verkehrsmitteln bestehen. Auf den Inseln gibt es mehrere **Autovermietungen**, sodass man dorthin fliegen und vor Ort ein Auto mieten kann (Empfehlungen s. unten).

In Großbritannien herrscht **Linksverkehr.** Auf Autobahnen und zweispurigen Landstraßen beträgt das **Tempolimit** 70 mph (112 km/h) und auf einspurigen Landstraßen 60 mph (96 km/h). In Ortschaften und in der Stadt reduziert sich das Limit auf 30 mph (48 km). Autofahrer müssen über 25 Jahre alt sein und ihren **Führerschein** mindestens ein Jahr besitzen.

Auf den dünn besiedelten Inseln gibt es nur sehr mäßigen **Verkehr**, abgesehen von der Strecke zwischen Kirkwall ❶ und Stromness ⓬.

Das **Hauptstraßennetz** ist in gutem Zustand und asphaltiert. Kleinere Straßen sind oft wenig mehr als befestigte Feldwege. Straßenbeleuchtung gibt es nur in den größeren Ortschaften. An Fährterminals und Sehenswürdigkeiten gibt es **kostenfreie Parkplätze.** Lediglich im Stadtzentrum von Kirkwall ist das Parken teilweise kostenpflichtig.

Autovermietungen

- **Avis,** am Flughafen (s. S. 118), Tel. 01856 875500, www.avis.co.uk, auch Hybridfahrzeuge
- **Drive Orkney** <162> Grainshore Road, Kirkwall, KW15 1FL, Tel. 01856 877551, www.driveorkney.com, nach Vereinbarung auch Abholung am Flughafen oder in der Stadt möglich
- **Orkney Car Hire** <163> 17 Junction Road, Kirkwall, KW15 1JY, Tel. 01856 872866, www.orkneycarhire.co.uk, auch ab Flughafen buchbar

Elektroautos

Auf Mainland und den South Isles sowie auf Shapinsay und Eday gibt es ausreichend **Ladesäulen** für Elektroautos, in Stromness und Kirkwall befinden sich diese direkt am Hafen. Infos:

- www.chargeplacescotland.org

Barrierefreies Reisen

Obwohl Schottland im Allgemeinen gut auf die Bedürfnisse von z. B. Rollstuhlfahrern oder Menschen mit Sehbehinderungen eingestellt ist, ist dies auf den Orkney-Inseln häufig nicht der Fall.

Zwar sind die **Fähren** von NorthLink, die Busse sowie Hotels, Restaurants und Geschäfte auf gehbehinderte Passagiere eingestellt oder sogar komplett barrierefrei. Auf den kleineren Inselfähren kann es jedoch zu Problemen kommen, denn diese haben in der Regel keinen Lift und die Auffahrt auf die Fähren mit dem Auto gestaltet sich schwierig. Wenn man besondere Anforderungen hat, sollte man daher zuvor mit dem Buchungsbüro Kontakt aufnehmen.

Auch bei einigen **Sehenswürdigkeiten** gibt es große Lücken. Ältere oder private Museen, die nicht über die entsprechenden Geldmittel verfügen, haben häufig keinen Lift bzw. barrierefreien Zugang zum oberen Stockwerk. Selbst Hauptsehenswürdigkeiten wie die St Magnus Cathedral ❹ besitzen keine Rampe für Rollstuhlfahrer. Während im **Heart of Neolithic**

Orkney (s. S. 33) ausgebaute Wege zu den Megalithanlagen führen, liegen viele prähistorischen Stätten inmitten der Natur. Der Zugang erfolgt dann meist über Wiesen oder nicht ausgebaute, unebene Wege. Die Probleme sind bekannt, konnten jedoch bisher noch nicht gelöst werden.

- **Orkney Disability Forum** <164> 18 Junction Road, KW151AB, Tel. 01856 871515, www.orkneycommunities.co.uk/odf, https://orkney-disability-forum.business.site. Die Organisation leistet Hilfe bei konkreten Fragen und Problemen, u. a. mit einem Rufbus-Service.

Diplomatische Vertretungen

Auf den Orkney-Inseln gibt es keine diplomatischen Vertretungen. Diese findet man in London.

- **Botschaft der Bundesrepublik Deutschland,** 23 Belgrave Square, SW18PZ, London, https://uk.diplo.de/uk-de, Tel. 0044 (0) 2078241300
- **Österreichische Botschaft,** 18 Belgrave Mews West, SW1X 8HU, London, www.bmeia.gv.at/oeb-london, Tel. 0044 (0) 2073443250
- **Schweizerische Botschaft,** 16–18 Montagu Place, W1H 2BQ, London, www.eda.admin.ch/london, Tel. 0044 (0) 2076166000

Ein- und Ausreisebestimmungen

Am 31. Januar 2020 wurde das Austrittsabkommen des Vereinigten Königreichs aus der EU unterzeichnet, der sogenannte **Brexit.** Großbritannien, und damit auch Schottland, ist darüber hinaus nicht Teil des Schengenraums. Reisende aus der EU müssen daher – ebenso wie Bürger der Schweiz – bei der Einreise einen gültigen **Reisepass** vorzeigen. Ein Personalausweis wird nicht mehr akzeptiert.

EU-Bürger und Schweizer Staatsangehörige können sich **bis zu sechs Monate** ohne Visum im Vereinigten Königreich aufhalten. Aktuelle Informationen findet man hier:

- www.visitscotland.com/de-de/about/practical-information/travelling-to-scotland-after-brexit
- www.auswaertiges-amt.de/de/aussenpolitik/laender/grossbritannien-node/grossbritanniensicherheit/206408

Elektrizität

Die **Netzspannung** in Großbritannien beträgt 240 V. In Deutschland liegt die Spannung bei 230 V mit einer Toleranz nach oben und unten, daher funktionieren alle deutschen elektrischen Geräte auch in Schottland einwandfrei.

Allerdings bestehen die britischen Stecker aus drei Flachkontakten. Demzufolge muss man sich vor der Reise einen geeigneten **Adapter** besorgen. Diese gibt es in jedem Elektrogeschäft oder an Bahnhöfen und Flughäfen.

Geldfragen

Wechselkurs

1 £	1,17 €/1,23 SFr
1 €	0,86 £
1 SFr	0,82 £

(Stand: Mai 2022)

Währung und Zahlungsmittel

Die britische Währung ist das **Pfund Sterling** *(Pound Sterling)*. Ein Pfund entspricht 100 Pence. Als Noten verfügbar sind 50 £, 20 £, 10 £, 5 £, als Münzen 2 £, 1 £, 50 p, 20 p, 10 p, 5 p, 2 p, 1 p.

Hinweis: Die **schottischen Banknoten** sehen etwas anders aus als die englischen, haben aber denselben Wert. Wer in Schottland Geld am **Bankautomaten** zieht, erhält automatisch die schottischen Scheine. Englische Noten werden in Geschäften weitgehend akzeptiert, außer in kleineren Läden. Natürlich kann man die englischen Banknoten in jeder Bank in schottische umtauschen und umgekehrt.

In Geschäften ist das **Chip-and-Pin-System** üblich. An jedem Bankautomaten kann man mithilfe der **Debitkarte** bzw. **Girocard** und der PIN Geld abheben. **Kartenzahlung** wird fast überall akzeptiert, außer in einigen sehr kleinen Läden.

Geldautomaten (ATMs) findet man in Kirkwall 1 und in Stromness 12. Filialen mehrerer Banken gibt es im

Orkney preiswert

- Eine der Hauptattraktionen Orkneys ist die Natur, die man sich überall frei erwandern kann. Abgesehen von den prähistorischen Stätten im Heart of Neolithic Orkney (s. S. 33) ist der Eintritt zu den meisten **Sehenswürdigkeiten** auf den Orkney-Inseln kostenfrei. Auf der Insel **Rousay** (und seinen kleinen Nachbarn), wo es 166 historische Stätten zu besichtigen gibt, fällt dies ganz besonders ins Gewicht.
- Die **Fähren** und **Flüge** zu den Inseln sind stark subventioniert und auch für Menschen mit kleiner Urlaubskasse erschwinglich. Wer zum Beispiel sein Fahrrad auf die Fähre mitnimmt, zahlt für einen Tagesausflug nur 11 £ (ca. 13 €), das Fahrrad selbst und Kinder unter 5 Jahren sind kostenfrei. Auch Flüge nach Westray und North Ronaldsay (s. S. 85 u. S. 92) reißen mit 36 £ (ca. 42 €) kein großes Loch ins Portemonnaie.
- Empfehlenswert ist das **Sightseeing mit dem Linienbus.** Mit dem **Bus X1** gelangt man nicht nur in die größten Orte auf Mainland, sondern passiert auch viele Sehenswürdigkeiten wie das Kammergrab von Maeshowe 24. In südliche Richtung fährt der Bus über die Churchill Barriers 47, die Mainland mit den südlichen Inseln verbinden, und bringt Reisende zur Italian Chapel 48 und nach St Margaret's Hope 50 auf South Ronaldsay. Der **Bus T11** verkehrt von Kirkwall 1 nach Skara Brae 18 und zum Ring of Brodgar 22, vorbei an den Standing Stones of Stenness 20 und wieder zurück nach Kirkwall. Bei jeder Sehenswürdigkeit ist ein längerer Aufenthalt eingeplant, der die Besichtigung der Stätten ermöglicht. Die Strecke kann daher auch vorab als Tour gebucht werden (April–Okt. tägl. ab 10 Uhr, Erw. 16 £).
- Die **Argo's Bakery** (s. S. 23 u. S. 31) bietet Suppen, warmes Frühstück und Pasties für wenig Geld an. Für ein schnelles Mittag- oder Abendessen eignen sich auch die **Fish-and-Chips-Imbisslokale.**

Stadtkern von Kirkwall in der Albert und der Broad Street. An Bank Holidays sind die Banken geschlossen.

Umrechnungskurs am Geldautomaten

Beim Abheben von Bargeld in Landeswährung wird manchmal angeboten, dass die Abrechnung mit dem eigenen Konto in Euro erfolgen kann. Das Verfahren ist als **Dynamic Currency Conversion** (DCC) bekannt. Wählt man diese Option, die ja sicherer erscheint, wird aber ein ungünstiger Wechselkurs zugrunde gelegt, der erhebliche Kosten verursachen kann. Deshalb sollte man Abhebungen immer in der Landeswährung vom eigenen Konto abbuchen lassen. Dann legt die eigene Bank den offiziellen Devisenkurs zugrunde.

Preisniveau

Nordschottland ist generell etwas günstiger als der Rest Großbritanniens, das gilt auch für die Orkney-Inseln. Es gibt keine Touristenpreise.

Informationsquellen

Infostellen auf den Inseln

In der Hauptstadt **Kirkwall** ❶ gibt es die einzige Anlaufstelle von **Visit Scotland** auf den Orkney-Inseln, das **Kirkwall iCentre** (s. S. 20). Infoschalter befinden sich am **Flughafen** (s. S. 118) und an den großen **Fährterminals** in Kirkwall (s. S. 133) und Stromness (s. S. 30), ebenso wie im **Skara Brae Visitor Centre** (s. S. 34). Auf Westray fungiert die **Westray Art Gallery** (s. S. 86) als Touristeninformation.

Orkney im Internet

- **www.orkney.com:** offizielles Internetportal des Fremdenverkehrsbüros Orkneys. Auf der reich bebilderten Website findet man umfangreiche Infos zu allen Inseln des Archipels.
- **www.orkneycommunities.co.uk:** Diese Website bietet eine Übersicht zu Veranstaltungen und Themen, die gerade auf dem Archipel aktuell sind.
- **www.orkneyjar.com:** lesenswerter Blog zur Historie der Inseln von Sigurd Towrie vom Orkney Research Centre for Archaeology (ORCA)
- **https://frontiersmagazine.org:** Das Onlinemagazin liefert interessante Artikel zur Geschichte, Kultur und Natur Orkneys von Journalisten, Autoren, Wissenschaftlern und Orkney-Kennern.

Publikationen und Medien

Regionale Medien

- **The Orcadian** (www.orcadian.co.uk): wöchentlich erscheinende Zeitung für die Orkney-Inseln
- **BBC Radio Orkney** (www.facebook.com/radioorkney): offizieller Regionalsender der BBC für den Archipel

Landkarten

Zum Wandern oder Radfahren empfehlen sich die Karten der Landvermessungsbehörde **Ordnance Survey** aus der Serie OS Explorer. Es gibt sie für alle Inseln im praktischen Format (Nr. 461: East Mainland, South Ronaldsay, Shapinsay, Kirkwall; Nr. 462: Hoy, South Walls und Flotta; Nr. 463: West Mainland, Stromness und Graemsay; Nr. 464: Westray, Papa Westray, Rousay, Egilsay und Wyre; Nr. 465: Sanday, Eday, North Ronaldsay und Stronsay).

- **Online-Version der Karten:** https://osmaps.ordnancesurvey.co.uk

Smartphone-Apps

- **RSPB – Discover Orkney Wildlife:** Naturführer zu Tier- und Pflanzenarten Orkneys und den Naturgebieten der Inseln inkl. Offline-Karte mit GPS-Lokalisation (kostenlos für iOS)
- **St Magnus Way:** nützliche App zur bekannten Pilgerroute (s. S. 97) mit Karten, Audioguide und Geolokalisierung (kostenlos für Android und iOS)
- **Stagecoach Connect:** App für das Busnetz mit Option zum Ticketkauf (kostenlos für Android und iOS)

Internet

Auf Mainland und Westray gibt es für Smartphones fast überall eine **4G-Internetverbindung.** Auf den kleineren Inseln ist die Abdeckung nicht so gut, vor allem außerhalb der Ortschaften kann der Empfang variieren. Bis Ende 2022 sollen auch auf den kleineren Inseln Glasfaserkabel verlegt werden.

Hotels, Cafés und Bars sowie die Touristeninformation, die Bücherei und das Foyer des Rathauses in Kirkwall 1 bieten kostenloses WLAN an. Auch die meisten privaten Unterkünfte, Hotels oder Restaurants auf den Inseln sind mit kostenfreiem **WLAN** ausgestattet.

Unsere Literaturtipps

- George Mackay Brown: **Beside the Ocean of Time** (auf Deutsch: **Taugenichts und Dichters Traum,** nur antiquarisch), Kindle, 2014. In diesem 1994 für den Booker Preis nominierten Roman zeigt Brown (s. S. 30) sein Talent als Geschichtenerzähler: Mithilfe der lebendigen Fantasie des tagträumenden Jungen Thorfinn Ragnarson taucht man in die Epochen der schottischen Geschichte ein.
- Margaret Flaws, Gregor Lamb: **The Orkney Dictionary,** The Orcadian, 2005. Wer mehr über den kuriosen Dialekt „Orcadian Scots" lernen möchte, sollte sich dieses kommentierte Wörterbuch zulegen.
- Laura Watts: **Energy at the End of the World. An Orkney Islands Saga,** MIT Press, 2021. Hier wird die Energiegeschichte Orkneys erzählt – von der Prähistorie bis heute.
- Caroline Wickham-Jones: **Orkney. A Historical Guide,** Birlinn, 2015. Sehr detaillierte Informationen über die historischen Bauten Orkneys von der Vorgeschichte bis in die Moderne.

LGBT+

Schottland ist ein ausgesprochen tolerantes Land und die Rechte der LGBT+-Community, wie z. B. gleichgeschlechtliche Eheschließung, sind schon lange gesetzlich verbrieft. Auf den dünn besiedelten Orkney-Inseln gibt es aufgrund fehlender Infrastruktur wenige ausgewiesene Treffpunkte für LGBT+, aber es gibt **Hotels und Pubs,** die als „gay-friendly" gelten, wie z. B. das Albert Hotel und die angeschlossene Boothy Bar (s. S. 25) in Kirkwall 1, das Ferry Inn (s. S. 31) in Stromness 12 oder das Woodwick House in Evie (s. S. 44).

Im Juni 2020 fand die **Orkney Pride** zum ersten Mal statt. Sie entwickelt sich gerade zu einer festen Institution, die jedes Jahr stattfinden soll. Die Veranstaltung mit einem bunten Umzug durch die Stadt trifft auf breite Unterstützung in der Gesellschaft, zur Feier wird etwa die St Magnus Cathedral 4 in Regenbogenfarben beleuchtet.

› www.facebook.com/prideorkney

Maße und Gewichte

In Großbritannien ist zwar vor langer Zeit das metrische System eingeführt worden, allerdings wird man beispielsweise beim Einkaufen gelegentlich mit den imperialen Maßen und Gewichten wie *inches* (1 inch = 2,54 cm) oder *ounces* (1 ounce = 28,35 g) konfrontiert.

Im Pub wird das Bier in Pint-Gläsern (1 pint = 0,57 l) serviert und Entfernungen werden fast ausschließlich in Meilen (*miles*, 1 Meile = 1,61 km) angegeben.

Kleider- und Schuhgrößen sind meist sowohl in internationalen als auch in britischen Maßen angegeben; z. B. entspricht Kleidergröße 10 der Größe 38, 12 der Größe 40 etc. Bei Schuhen entspricht die Größe 5 der Größe 38, 6 der Größe 39 etc.

Medizinische Versorgung

Für die Gesundheitsfürsorge auf den Orkney-Inseln ist, wie auch im Rest Großbritanniens, der **NHS (National Health Service)** zuständig. Medizinische Behandlungen für EU-Bürger können über die **EHIC-Karte** abgerechnet werden, die in der Regel auf die Rückseite der Krankenkassenkarte gedruckt ist. Sollten Behandlungskosten anfallen, muss man diese vorstrecken und kann sie sich später von der heimischen Krankenkasse erstatten lassen. Es ist ratsam, eine **Auslandsreisekrankenversicherung** abzuschließen, die die Kosten einer Privatbehandlung und ggf. den Rücktransport nach Hause übernimmt.

Krankenhaus und Ärzte

Die Notaufnahme des **Krankenhauses** in Kirkwall 1 ist die erste Anlaufstelle für akute Fälle, ansonsten muss man einen niedergelassenen

082or-nh

Arzt, den sogenannten **General Practitioner (GP)**, aufsuchen. Auf fast allen Orkney-Inseln gibt es einen solchen Arzt.

- **Allgemeinärzte (GPs):** www.ohb.scot.nhs.uk/service/gp-practices
- **Balfour Hospital** <165> Foreland Road, Kirkwall, KW151BH, Tel. 01856 888000, www.ohb.scot.nhs.uk/service/hospital-services
- **Tel. 111:** telefonische Notfallberatung des NHS, die zu jeder Tages- und Nachtzeit ärztliche Notdienste vermitteln kann

Apotheken

In den Filialen der **Drogerien** Boots und Superdrug in Kirkwall gibt es zahlreiche nicht verschreibungspflichtige **Medikamente.** Beide Shops haben auch eine **Apotheke**, wo man Beratung erhalten bzw. Rezepte vom GP einlösen kann. Weitere Apotheken gibt es in Dounby (Dounby Pharmacy) und Stromness 12 (WHB Sutherland).

- **Boots** <166> 49–51 Albert Street, Kirkwall, KW151HQ, Tel. 01856 872097, www.boots.co.uk, Mo–Sa 9–17.30 Uhr
- **Sutherlands Pharmacy** <167> 43 Victoria Street, Kirkwall, KW151DN, Tel. 01856 873240, www.sutherlandspharmacy.co.uk, Mo–Sa 9–17.30 Uhr

Zahnarzt

Einen zahnärztlichen Notdienst gibt es nicht, die Kosten hierfür müssen privat getragen werden, da in Großbritannien nur wenige Leistungen durch den NHS abgedeckt sind.

- **Orkney Dental,** https://clydemunrodental.com, Filialen in Kirkwall und Stromness

Das Balfour Hospital wurde von Prinz William eingeweiht

Mit Kindern unterwegs

Schottland ist ein **kinderfreundliches Land**, die meisten Einrichtungen sind auf Familien mit Kindern eingestellt. In Restaurants wird häufig ein **Kindermenü** angeboten, Sehenswürdigkeiten bieten **vergünstigte Familientickets** an.

Im Vordergrund steht auf den Orkney-Inseln das Naturerlebnis: Wie wäre es zum Beispiel mit einer **Fährfahrt** oder einem **Bootsausflug?** Viele Kinder erfreuen sich an der Nähe zu Kühen, Schafen, Pferden oder Wildtieren wie Seevögeln und Seehunden. Tierfreunden sei zudem das **Fernvalley Wildlife Centre** (s. S. 128) ans Herz gelegt.

Im **Kirbuster Farm Museum** 28 und im **Corrigall Farm Museum** 26 wird das Leben auf den Bauernhöfen der Vergangenheit lebendig. In der **Barony Mill** 30 kann man den Betrieb einer alten Mühle erleben und sehen, wie Korn zu Mehl vermahlen wird.

Besonderen Spaß haben Kinder an den lang gestreckten **Stränden** Orkneys. Meist gibt es felsige Ecken, wo sich das Wasser in *rock pools,* kleinen Lagunen, sammelt und in denen man Seetang, Muscheln und Krabben entdecken kann. Das Wasser in Ufernähe ist meist seicht und erlaubt ein sicheres Waten im Wasser. Man sollte allerdings auf **Seehunde** achten, die an manchen Stränden ihr Revier haben und zu denen man stets einen Sicherheitsabstand einhalten sollte.

Der Besuch so mancher **prähistorischer Stätte** könnte älteren Kindern Freude bereiten: In **Skara Brae** 18 können sie durch alte Gemäuer streifen, gleich nebenan liegt ein wunderschöner Strand. Der gut erhaltene **Broch of Gurness** 34 ist ideal, um sich spielerisch in vergangene Zeiten zu versetzen. Um zu den Bauten auf der Gezeiteninsel **Brough of Birsay** 33 zu gelangen, muss man einen nur bei Ebbe begehbaren Damm bezwingen. Kammergräber wie **Maeshowe** 24 lassen sich meist nur gebückt oder auf allen Vieren betreten – für Kinder ein Abenteuer.

Rund um die Schlossruinen **Earl's Palace** 5 in Kirkwall 1 und **Noltland Castle** 78 auf Westray erstrecken sich **Parks** zum Herumtollen. Das Felsenmeer aus riesigen Kieseln in der **Rackwick Bay** 42 auf der Insel Hoy werden Kinder lieben. Bei Wanderungen entlang der **Klippen** sollte man jedoch **Vorsicht** walten lassen, denn die Abhänge sind oft nicht gesichert.

Einen **Indoor-Spielpark** gibt es im **Pickaquoy Centre** (s. S. 20) in Kirkwall. Wenn es mal regnet, bieten das dortige **Schwimmbad** und **Kino** Abwechslung.

› **Fernvalley Wildlife Centre** <168> Tingwall, Rendall, KW172HB, Tel. 01856 751461, www.fernvalleywildlifecentre.co.uk, April–Sept. Do–Mo 10–16, Okt.–März Fr–So 10–16 Uhr, Erw. 7 £, Kinder 3–15 Jahre 5,50 £. In dem kleinen, bei Kindern beliebten Zoo gibt es neben Igeln, Mäusen und Dachsen auch Kattas und Echsen. Im Tea Room kann man entspannen und sich mit Snacks versorgen.

Notfälle

Notruf

› **Tel. 999:** bei Notfällen
› **Tel. 101:** wenn keine Lebensgefahr besteht

Polizei

■ **Kirkwall Police Station** <169> Burgh Road, KW151AH

Kartensperrung

Bei Verlust der **Debit-/Giro-, Kredit- oder SIM-Karte** gibt es für Kartensperrungen eine deutsche Zentralnummer (unbedingt vor der Reise klären, ob die eigene Bank bzw. der jeweilige Mobilfunkanbieter diesem Notrufsystem angeschlossen ist). Aber Achtung: Mit der telefonischen Sperrung sind die Bezahlkarten zwar für die Bezahlung/Geldabhebung mit der PIN gesperrt, nicht jedoch für das Lastschriftverfahren mit Unterschrift. Man sollte daher auf jeden Fall den Verlust zusätzlich bei der Polizei zur Anzeige bringen, um gegebenenfalls auftretende Ansprüche zurückweisen zu können.

In **Österreich** und der **Schweiz** gibt es keine zentrale Sperrnummer, daher sollten sich Besitzer von in diesen Ländern ausgestellten Debit- oder Kreditkarten vor der Abreise bei ihrem Kreditinstitut über den zuständigen Sperrnotruf informieren.

Generell sollte man sich immer die wichtigsten Daten wie Kartennummer und Ausstellungsdatum separat notieren, da diese unter Umständen abgefragt werden.

› **Deutscher Sperrnotruf:** Tel. +49 116116 oder Tel. +49 3040504050
› **Weitere Infos:** www.kartensicherheit.de, www.sperr-notruf.de

Öffnungszeiten

Die Öffnungszeiten privat geführter Einrichtungen, darunter **Geschäfte** und einige **Museen**, variieren stark. Oft gibt es eine Mittagspause bzw. man öffnet nur vormittags oder nachmittags oder sogar lediglich am Wochenende.

› **Banken:** meist Mo–Fr 9.30–15/16 Uhr

- **Geschäfte:** Die Kernzeiten in den Läden in Kirkwall ❶ und Stromness ⓬ sind Mo–Sa 9/10–17 und So 11–16 Uhr. Manche Boutiquen öffnen sonntags erst später. Die Werkstätten des Orkney Creative Trail (s. S. 108) öffnen manchmal nur halbtags.
- **Hotels und Gastronomie:** In der Nebensaison (Okt.–März) sind insbesondere auf den kleineren Inseln einige Hotels und ihre gastronomischen Einrichtungen geschlossen.

Post

Auf den Inseln werden Postdienste auch in den Gemischtwarenläden, den sogenannten **Village Shops**, angeboten. Für Postkarten benötigt man eine **Briefmarke** im Wert von 0,68 £.

■ **Kirkwall Post Office** <170> 15 Junction Road, KW15 1AA, Tel. 03457223344, www.postoffice.co.uk, Mo, Mi–Fr 9–17, Di 9.30–17, Sa 9.30–12.30 Uhr

Sprache

Die offizielle Sprache Orkneys ist **Englisch.** Bei Einheimischen hört man außerdem einen Dialekt, der als **Orkney Scots** oder einfach nur „Orkney" bezeichnet wird und der von Elementen der norwegischen Sprache durchsetzt ist. Ein Kennzeichen ist das rollende „r", während der Buchstabe „s" oft als „sch" gesprochen wird. Die Endung „ay", z. B. bei den Inseln Eday, Sanday oder Rousay, wird wie das englische „ee" (oder das deutsche „i") gesprochen.

Noch bis Mitte des 19. Jh. war das auf dem Altnorwegischen basierende **Norn** die offizielle Sprache Orkneys. Ab dem 9. Jh. waren die Inseln in Wikingerhand und fielen 1469 zurück an Schottland. Aber auch danach blieb der Einfluss der nordischen Sprache stark, denn Norn starb erst Ende des 19. Jh. völlig aus.

Auch in den Ortsnamen auf den Inseln zeigen sich die **norwegischen Ursprünge:** So leitet sich der Inselname von **Orkneyjar** ab, was „Seehundinseln" bedeutet. Die Wikinger neigten generell dazu, Orte nach ihren besonderen Merkmalen zu benennen, zum Beispiel Sanday („Sandinsel"), Westray („Westinsel"), Flotta („flache Insel"), Hoy („hohe Insel") etc. Vor den Wikingern waren die Inseln von keltischen Pikten bewohnt, jedoch blieb aus deren Kultur über nachfolgende Jahrhunderte nichts erhalten. Daher wird die ansonsten in Schottland weit verbreitete gälische Sprache auf den Orkney-Inseln nicht gesprochen.

083or-nh

⊡ *Auch auf Orkney findet man die typisch britischen Briefkästen*

Telefonieren

Seit dem Frühjahr 2022 haben sich die Kosten für die Nutzung eines Smartphones im Vereinigten Königreich erhöht, da infolge des **Brexits** beim Telefonieren **Roaminggebühren** anfallen. Dies gilt selbstverständlich auch für **mobile Daten.** Bei manchen Anbietern entfallen die Roaming-Gebühren bei bestimmten gebuchten, höheren Tarifen. Die Telefonnetzanbieter O2 und Telekom haben signalisiert, dass Großbritannien künftig in dieselbe Tarifstufe wie die Schweiz, Norwegen und Liechtenstein fallen könnte.

Alternativ kann man vor Ort eine **lokale SIM-Karte** kaufen, wie zum Beispiel „Pay as you go“, die man mit britischer Telefonnummer zum preiswerten Tarif für alle Anrufe und mobiles Internet innerhalb des Landes nutzen kann. SIM-Karten gibt es in vielen Geschäften und Supermärkten, etwa in Filialen der Ketten Aldi oder Tesco.

Handynummern beginnen in der Regel mit 07. Auf den Orkney-Inseln gelten **zwei Orts- bzw. Inselvorwahlen.** Im Buch sind daher alle Telefonnummern stets mit der gültigen Insel-, aber ohne die Ländervorwahl gelistet.

- **Inselvorwahl 01856:** für Mainland, die South Isles, Shapinsay, Rousay, Egilsay und Wyre
- **Inselvorwahl 01857:** für Eday, Sanday, Stronsay, Westray, Papa Westray und North Ronaldsay

Vorwahlen

- **Großbritannien:** 0044
- **Deutschland:** 0049
- **Österreich:** 0043
- **Schweiz:** 0041

Touren

Viele Taxiunternehmen (s. S. 133) bieten **Sightseeing-Touren** nach persönlichen Wünschen an. **Angelausflüge und Wildlife-Touren** hat Northerly Marine Services im Programm (s. S. 95). Infos zum Thema **Vogelbeobachtung** stehen auf S. 102.

Die folgenden **Touranbieter** beziehen sich auf **Mainland.** Für geführte Exkursionen auf den kleineren Inseln stehen Anbieter im ersten Teil des Buches jeweils unter „Infos und Reisetipps“.

- **Great Orkney Tours,** Tel. 01856 861443, www.greatorkneytours.co.uk. Thematische Touren durch Kirkwall 1, rund um Scapa Flow oder mit archäologischem Fokus.
- **Love Orkney Tours,** Tel. 07849756891, http://loveorkneytours.com. Touren mit verschiedenen Schwerpunkten, z. B. 4-stündige Tour zu den neolithischen Stätten oder 8-stündige Tour zu Orkneys Aussichtspunkten.
- **Orkney Archaeology Tours,** Tel. 01856 721450, www.orkneyarchaeologytours.co.uk. Die hier angebotenen Touren schließen Unterkunft und Besichtigung der archäologischen Stätten mit einem Archäologen als Guide ein (mit Kindern nur private Touren buchbar).
- **Orkney Time Travel,** https://brodgar.co.uk/orkneytimetravel, Juni–Aug. Erw. ab 15 £, Kinder bis 11 Jahre frei. Historisch inspirierte Touren und Events, zum Beispiel auf den Spuren der Wikinger mit Picknick am Strand.
- **Orkney Trike Tours,** Tel. 07861310139, https://orkneytriketours.co.uk. Im Stil von Easy Rider mit einem heißen Ofen über die Inseln fahren? Hier ist das möglich.
- **Orkney Uncovered,** Tel. 07841697237, https://orkneyuncovered.co.uk. Sympathische Guides bieten thematische Touren durch die Jahrhunderte.

› **Wild Orkney Walks,** Tel. 07718820828, https://wildorkneywalks.co.uk. Die Vogelkundlerin Megan arbeitet auch für die Vogelschutzorganisation RSPB und bringt umfassende Kenntnisse über Wildvögel mit.

Uhrzeit

In Großbritannien gilt die **GMT** (Greenwich Mean Time). Diese liegt **eine Stunde vor der MEZ** (Mitteleuropäische Zeit). Von Ende März bis Ende Oktober gilt die BST (British Summer Time), d. h. die Uhren werden eine Stunde vorgestellt. Die Tageszeiten werden in **12-Stunden-Zählung** angegeben: von 0 Uhr bis 12 Uhr spricht man von *a.m.* (*ante meridiem,* „vor dem Mittag") und von 13 bis 24 Uhr von 1–12 *p.m.* (*post meridiem,* „nach dem Mittag").

Unterkunft

Auf den Orkney-Inseln gibt es eine große Auswahl an Unterkünften – vom klassischen **Hotel** über **Bed-and-Breakfast-Unterkünfte** (B & Bs), **Pensionen, Hostels, Ferienwohnungen** und **Cottages** (ländlichen Ferienhäusern) bis hin zu Camping- und Wohnmobilstellplätzen. Der Standard ist überwiegend gut, allerdings gibt es weder Luxusherbergen noch Budget-Hotelketten.

Die meisten Unterkünfte sind **privat geführt** und bieten daher auch einen unterschiedlichen Standard und Komfort sowie eine gewisse Bandbreite bei den **Preisen** an. Man sollte vorher gut recherchieren. Es gibt einige Pensionen und Hotels, in denen nicht alle Zimmer ein eigenes Bad haben. Bei der Auswahl eines Cottages sollte man darauf achten, dass eine Zentralheizung vorhanden ist. Viele Häuser werden mit strombetriebenen Heizlüftern geheizt. Bucht man ein kleines Hotel oder B & B, das weiter außerhalb liegt, wird oft ein Abendmenü angeboten.

Die **Campingplätze** sind nur in der Saison von April bis September geöffnet: Zum einen gibt es im Winter nur noch wenige Touristen auf den Inseln, zum anderen eignet sich die Witterung dann nicht mehr zum Campen.

Buchungsportale

Neben Buchungsportalen für **Hotels** (z. B. www.booking.com, www.hrs.de oder www.trivago.de) bzw. für **Hostels** (z. B. www.hostelworld.de) gibt es auch Anbieter, bei denen man **Privatunterkünfte** buchen kann. Portale wie www.airbnb.de, www.wimdu.de oder www.9flats.com vermitteln Wohnungen, Zimmer oder auch nur einen Schlafplatz auf einer Couch. Diese oft recht günstigen Übernachtungsmöglichkeiten sind nicht unumstritten, weil manchmal normale Wohnungen gewerblich missbraucht werden. Einige Gemeinden greifen deshalb regulierend ein.

Verhaltenstipps

Orcadians leben vielfach vom Tourismus und sind Fremden gegenüber **aufgeschlossen** und zuvorkommend. Man sollte grundsätzlich freundlich zurückgrüßen und sich ruhig auf ein Schwätzchen einlassen, wenn sich die Gelegenheit ergibt.

Orcadians ist es wichtig, dass man Natur, Tieren und Menschen Respekt entgegenbringt. Auf keinen Fall sollte man Müll zurücklassen. Frei laufenden Tiere wie Schafen oder Tieren in Gehegen sollte man ihre Ruhe gönnen. Wenn Wege als **Privatland** gekennzeichnet sind, darf man sie nicht betreten, selbst wenn man bei Wanderungen gern eine Abkürzung nehmen würde.

Während der **Brutsaison** der Vögel sollte man sich bei Wanderungen an die vorgegebenen Einschränkungen halten und nicht querfeldein laufen, wo man Nester zerstören und Tiere aufschrecken könnte. **Hunde** sollte man generell nicht frei laufen lassen.

Verkehrsmittel

Bus

Nur auf **Mainland** decken die Busse von **Stagecoach** die wichtigsten Destinationen ab. Es werden aber lediglich die Hauptstraßen befahren. Unterwegs halten die Busse bei Handzeichen, es gibt nur wenige ausgewiesene Haltestellen. Für das **Sightseeing per Linienbus** eignen sich die **Buslinien T11 und X1** (s. S. 123).

Tickets kauft man beim Fahrer oder über die **Stagecoach-App.** Es gibt Einzeltickets, Tagestickets *(dayrider)* und 7-Tage-Tickets *(megarider).*

Von den **South Isles** sind lediglich Lamb Holm, Glimps Holm, Burray und South Ronaldsay über die Landbrücke der Churchill Barriers 47 an das Busnetz angeschlossen. Die **North Isles** haben kaum bis gar keinen Busservice, obwohl die Fährterminals manchmal weit entfernt von den Ortschaften liegen.

- **Kirkwall Busbahnhof** <171> The Travel Centre, 4 West Castle Street, KW151AE, Tel. 01856 878014. Der Busbahnhof befindet sich gleich hinter der Touristeninformation.
- **Reiseplaner:** www.stagecoachbus.com/plan-a-journey
- **Weitere Infos:** www.stagecoachbus.com/promos-and-offers/north-scotland/unpublished-_visit-orkney-with-stagecoach-bus

Die wichtigsten Buslinien

- **Bus X1:** verkehrt etwa stündlich von 6 bis 20 Uhr, verbindet die Fährhäfen von Kirkwall 1 und Stromness 12 sowie den Fährhafen von St Margaret's Hope 50 auf South Ronaldsay
- **Bus Nr. 2:** verbindet Kirkwall mit dem Fähranleger in Houton (Fähre nach Hoy, s. S. 48)

[>] Am Houton Ferry Terminal (s. S. 48) starten die Fähren nach Hoy

0840r-nh

[<] Der Stagecoach-Bus verbindet u. a. Kirkwall und Stromness

081or-nh

- **Bus Nr. 6:** fährt zum Pier in Tingwall (Fähre nach Rousay, s. S. 44)
- **Bus Nr. 7:** fährt von Stromness nach Birsay [B5]
- **Bus T11:** verkehrt zweimal tägl. von Kirkwall nach Stromness, dann zu den Sehenswürdigkeiten des Heart of Neolithic Orkney (s. S. 33), wo er auch auf Gäste wartet

Fähre

Orkney Ferries betreibt **Auto- und Passagierfähren**, welche die einzelnen Inseln des Archipels miteinander verbinden. Nicht alle Inseln werden täglich angefahren, daher sind die Fähren immer gut ausgebucht. Einige der Fähren sind sehr klein und können nur eine Handvoll Fahrzeuge mitnehmen. Dazu gehören auch immer die Transportfahrzeuge städtischer Unternehmen, Lieferanten und natürlich die der Einheimischen. Daher muss man seine Inselausflüge früh planen und rechtzeitig buchen.

Die größeren Inseln haben einen Pier, wo RoRo-Schiffe *(Roll-on/Roll-off)* mit zwei Ladeklappen problemlos anlegen können. Die Fähren nach **Rousay** und **Shapinsay** haben nur **eine Ladeklappe,** sodass man bei der Einfahrt rückwärts auffahren muss, was oft Präzisionsarbeit ist. Auf **North Ronaldsay** erlaubt der Pier kein Ausladen per Klappe, was bedeutet, dass Autos mit einem Kran von der Fähre gehievt werden müssen.

Da die Anleger oft aus kaum mehr als einem betonierten Pier und einer Rampe bestehen, darf man dort **keine Infrastruktur** erwarten. Meist gibt es lediglich einen **Waiting Room,** also einen geheizten Warteraum, der auch über eine **Toilette** verfügt.

Bevor man sich mühsam durch die **Fahrpläne** liest, stattet man am besten dem **Booking Office am Hafen von Kirkwall** einen Besuch ab. Dort bekommt man auch gleich Infos zur Auslastung der Fähren und kann alle Anschlüsse fest buchen.

- **Orkney Ferries Booking Office** <172> 4 Shore Street, Kirkwall, KW151LG, Tel. 01856 872044, www.orkneyferries.co.uk

Flugzeug

Infos zum **Orkney Inter-Island Service** stehen auf S. 118.

Taxi

- **Craigie's Taxis,** Tel. 01856 878787, www.craigiestaxis.co.uk
- **Orkney Cabs,** Tel. 01856 875000, https://orkney-cabs.business.site
- **Orkney Taxis,** Tel. 01856 875511, www.orkneytaxis.co.uk

088or-nh

Wetter und Reisezeit

Die Inseln des Orkney-Archipels lassen sich das ganze Jahr über bereisen, denn selbst im Winter haben die Inseln ihren ganz besonderen Reiz, zum Beispiel wegen des faszinierenden **Nordlichts.**

Sein **kühl-gemäßigtes Klima** verdankt Orkney dem Golfstrom. Zwar sind die Winter relativ mild und es gibt kaum Frost, aber dafür wird es im Sommer auch selten wärmer als 25 °C. Das hat zum Teil mit den vorherrschenden **starken Westwinden** zu tun, die dafür sorgen, dass sich die Wetterlage selbst an einem einzigen Tag immer wieder stark verändern kann. Stürme und Temperatureinbrüche sind daher auch im Sommer keine Seltenheit.

Wenn die *Orcadians* vom **Sommer** sprechen, meinen sie die Monate zwischen Juni und August – mit der Orkney County Show (s. S. 105) Ende August schlägt das Wetter häufig um. Im Juni und Juli kann es auch heiße Tage geben, dann wärmen sich zudem die flacheren Küstengewässer auf rund 16–18 °C auf. Aufgrund von Orkneys nördlicher Lage erlebt man im Sommer die **„Weißen Nächte“,** in denen es nur zwischen 22 und 3 Uhr dunkel wird. Im **Winter** geht die Sonne dagegen erst um 9 Uhr auf und bereits um 15 Uhr wieder unter. Schnee gibt es auf dem Archipel selten bis gar nicht.

Nebelverhangene Klippen wie hier auf Hoy sind auf den Orkney-Inseln keine Seltenheit

Durchschnitt	Wetter auf den Orkney-Inseln											
Maximale Temperatur	6°	6°	7°	9°	12°	14°	16°	16°	14°	11°	9°	7°
Minimale Temperatur	2°	2°	3°	4°	6°	8°	10°	10°	9°	7°	5°	3°
Regentage	18	12	13	9	7	7	8	10	14	16	17	18
	Jan	Febr	März	Apr	Mai	Juni	Juli	Aug	Sept	Okt	Nov	Dez

Hier landen die Leckereien aus dem Meer: Austernkörbe am Pier von Stromness

086or-nh

Kleine Sprachhilfe

Die folgenden Wörter und Redewendungen wurden dem Reisesprachführer „Englisch – Wort für Wort" (Kauderwelsch-Band 64) aus dem Reise Know-How Verlag entnommen.

Häufig gebrauchte Wörter und Redewendungen

Zahlen

1	(wann)	*one*
2	(tuh)	*two*
3	(ðrih)	*three*
4	(fohr)	*four*
5	(feiw)	*five*
6	(ßikß)	*six*
7	(ßäwèn)	*seven*
8	(äit)	*eight*
9	(nein)	*nine*
10	(tänn)	*ten*
11	(ihläwèn)	*eleven*
12	(twälw)	*twelve*
13	(ðörtihn)	*thirteen*
14	(fohrtihn)	*fourteen*
15	(fifftihn)	*fifteen*
16	(ßikßtihn)	*sixteen*
17	(ßäwèntihn)	*seventeen*
18	(äitihn)	*eighteen*
19	(neintihn)	*nineteen*
20	(twänntih)	*twenty*
30	(ðörtih)	*thirty*
40	(fohrtih)	*forty*
50	(fifftih)	*fifty*
60	(ßikßtih)	*sixty*
70	(ßäwèntih)	*seventy*
80	(äitih)	*eighty*
90	(neintih)	*ninety*
100	(hanndrid)	*hundred*

Die wichtigsten Zeitangaben

yesterday	(jäßtèrdäi)	gestern
today	(tuhdäi)	heute
tomorrow	(tuhmohrrou)	morgen
last week	(lahßt wihk)	letzte Woche
in the morning	(in ðè mohrning)	morgens
in the afternoon	(in ðih_ ahftèrnuhn)	nachmittags
in the evening	(in ðih_ ihwèning)	abends
Sunday	(ßanndäi)	Sonntag
Monday	(manndäi)	Montag
Tuesday	(tjuhsdäi)	Dienstag
Wednesday	(wännsdäi)	Mittwoch
Thursday	(ðörsdäi)	Donnerstag
Friday	(freidäi)	Freitag
Saturday	(ßättèrdäi)	Samstag

Die wichtigsten Fragewörter

who?	(huh)	wer?
what?	(wott)	was?
where?	(wäèr)	wo?/wohin?
why?	(wei)	warum?
how?	(hau)	wie?
how much?	(hau matsch)	wie viel? (Menge)
how many?	(hau männih)	wie viele? (Anzahl)
when?	(wänn)	wann?
how long?	(hau long)	wie lange?

Die wichtigsten Richtungsangaben

on the right	(on ðè reit)	rechts
on the left	(on ðè läfft)	links
to the right	(tuh ðè reit)	nach rechts
to the left	(tuh ðè läfft)	nach links
turn right/ left	(törn reit/ läfft)	rechts/links abbiegen
straight on	(ßträjt on)	geradeaus
in front of	(in front_off)	gegenüber
outside	(autseid)	außerhalb
inside	(inseid)	innerhalb
here	(hi-èr)	hier
there	(ðäèr)	dort
up there	(ap ðäèr)	da oben
down there	(daun ðäèr)	da unten
nearby	(nihrbei)	nah, in der Nähe
far away	(fahr èwäi)	weit weg
around the corner	(raund ðè kohrnèr)	um die Ecke

+++ Die wichtigsten Wörter mit dem Bonus-Audiotrack des Kauderwelsch-

Die wichtigsten Floskeln und Redewendungen

yes	(jäß)	ja
no	(nou)	nein
thank you	(ðänk_juh)	danke
please	(plihs)	bitte
Good morning!	(gudd mohrning)	Guten Morgen!
Good evening!	(gudd ihwèning)	Guten Abend!
Hello! / Hi!	(hällou/hei)	Hallo!
How are you?	(hau ah juh)	Wie geht es Ihnen/dir?
Fine, thank you.	(fein ðänk_juh)	Danke gut.
Goodbye!	(gudd bei)	Auf Wiedersehen!
Have a good day!	(häw_è gudd däi)	Einen schönen Tag!
I don't know.	(ei dount nou)	Ich weiß nicht.
Cheers!	(tschiers)	Prost!
The bill, please!	(ðè bill plihs)	Die Rechnung, bitte!
Congratulations!	(kongrätschuläischènß)	Glückwunsch!
Excuse me!	(ikßkjuhs mih)	Entschuldigung!
I'm sorry.	(eim ßorrih)	Tut mir leid!
It doesn't matter.	(itt dahsnt mättèr)	Das macht nichts.
What a pity!	(wott_è pittih)	Wie schade!

Die wichtigsten Fragen

Is there a/an ... ?	(is ðäèr è/ènn ...)	Gibt es ...?
Do you have ... ?	(duh juh häw ...)	Haben Sie ...?
Where is/are ... ?	(wäèr is/ah ...)	Wo ist/sind ... ?
Where can I ... ?	(wäèr kähn_ei)	Wo kann ich ... ?
How much is it?	(hau matsch is_itt)	Wie viel kostet das?
What time?	(wott teim)	Um wie viel Uhr?
Can you help me?	(kähn juh hällp mih)	Können Sie mir helfen?
Is there a bus to ... ?	(is ðäèr è_baß tuh ...)	Gibt es einen Bus nach ...?
How are you?	(hau ah juh)	Wie geht es dir/Ihnen?
What's your name?	(wotts juhr näim)	Wie heißt du/heißen Sie?
How old are you?	(hau ould ah juh)	Wie alt bist du/sind Sie?
Where do you come from?	(wär duh juh kamm fromm)	Woher kommen Sie?
Excuse me?	(ikßkjuhs mih)	Wie bitte?

Nichts verstanden? – Weiterlernen!

I don't speak English.	(ei dount spihk in-glisch)	Ich spreche kein Englisch.
Pardon?	(pahdèn?)	Wie bitte?
I don't understand.	(ei dount andèrständ)	Ich habe nicht verstanden.
Do you speak German?	(duh juh spihk dschörmèn?)	Sprechen Sie Deutsch?
How do you say that in English?	(hau duh juh säi ðät in in-glisch?)	Wie heißt das auf Englisch?
What does it mean?	(wott dahs_itt mihn?)	Was bedeutet das?

Impressum

Lilly Nielitz-Hart, Simon Hart

InselTrip Orkney

1. Auflage 2022

ISBN 978-3-8317-3527-3

Druck und Bindung:
mediaprint solutions GmbH, Paderborn

Herausgeber: Klaus Werner, Ulrich Kögerler
Layout: amundo media GmbH (Umschlag, Inhalt), Peter Rump (Umschlag)
Lektorat: amundo media GmbH
Karten: Ingenieurbüro B. Spachmüller, amundo media GmbH
Anzeigenvertrieb: KV Kommunalverlag GmbH & Co. KG, Alte Landstraße 23, 85521 Ottobrunn, Tel. 089 928096-0, info@kommunal-verlag.de
Kontakt: Osnabrücker Str. 79, 33649 Bielefeld, info@reise-know-how.de

Alle Angaben in diesem Buch sind gewissenhaft geprüft. Preise, Öffnungszeiten usw. können sich jedoch schnell ändern. Für eventuelle Fehler übernehmen Verlag wie Autoren keine Haftung.

Bildnachweis
Umschlagvorderseite: stock.adobe.com © XtravaganT | Umschlagrückseite u. Umschlagklappe rechts: Lilly Nielitz-Hart
Soweit ihre Namen nicht vollständig am Bild vermerkt sind, stehen die Kürzel an den Abbildungen für die folgenden Fotografen, Firmen und Einrichtungen. Lilly Nielitz-Hart: nh | stock.adobe.com: as | dreamstime.com: dt

Register

A
Aberdeen 118
Adapter 122
Angeln 94
Anreise 118
Apotheken 127
Apps 125
Archäologie 34
Arzt 126
Aurora borealis 90, 109
Ausflüge 130
Auskerry 73
Auto (Anreise) 118
Autofahren 121

B
Baden 94
Bahn (Anreise) 120
Balfour 64
Balfour Castle 65
Banks Chambered Tomb 61
Barnhouse Settlement 36
Barony Mill 40
Barrierefreies Reisen 121
Ba', The 106
Battle of Summerdale 48
Bay of Firth 44
Bay of Holland 74
Bay of Skaill 35
Bed and Breakfast 131
Behinderte 121
Betty's Reading Room 44
Billa Croo 100
Birdwatching 102
Birsay 39
Bischofspalast 19
Bishop's Palace 19
Blackhammer Cairn 67
Block Ships 56, 95
Blues Festival 105
Botschaften 122
Brae of Stennabreck 92
Brandhügel 61
Brexit 116, 122, 130
Bride's Loch 92
Briefmarke 129
Brinkie's Brae 29
Broch of Borwick 100
Broch of Burrian 92
Broch of Gurness 43
Broch of Wasso 79
Brochs 112
Bronzezeit 61
Brough Head 42
Brough of Birsay 41
Brough of Deerness 26
Brown, George Mackay 30
Buchungsportale 131
Burray 56
Burrian Cross 92
Burroughston Broch 66
Bus 132
Bu Sands 58

C
Calf of Eday 75
Callander, Graham 68
Campingplätze 131
Cantick Head Lighthouse 54
Carrick House 77
Castle o' Burrian 83
Cata Sand 79
Chapel, Italian 57
Childe, Vere Gordon 33
Chiocchetti, Domenico 57
Churchill Barriers 56
Click Mill 39
Copinsay 25
Coronakrise 116
Corrigall Farm Museum 39
Cottages 131
Covenanter's Memorial 99
Cubbie Roo's Castle, Wyre 71
Cuween Chambered Cairn 45

D
Dark-Sky-Ort 90
Debitkarte 123, 128
Deerness 25
Delfine 12, 26, 81
Dennis Head Old Beacon 91
Destillerien 21
Dingishowe 25
Diplomatische Vertretungen 122
Dounby 39
Dounby Show Day 105
Doun Helzie 79
Dwarfie Stane 51

E
Earl's Bu and Church 46
Earl's Palace Birsay 40
Earl's Palace Kirkwall 19
East Mainland 16
Echna Loch 58
EC-Karte 123, 128
Eday 75
Eday Heritage Centre 76
Eday Heritage Trail 76
Egilsay 66
Einkaufen 108
Einreisebestimmungen 122
Elektrizität 122
Elektroautos 121
Englisch 129
Essen 106
Evie 43
Evie Beach 43
Eynhallow 72
Eynhallow Sound 43

F
Fähre 118, 133
Fahrrad 101
Faraclett 71
Faray 76
Fauna 110
Felsnadel 51
Ferienwohnungen 131
Fernvalley Wildlife Centre 128
Feste 104
Festival of the Horse and Boys Ploughing Match 105
Finstown 44

Firth 44
Flora 110
Flotta 50
Flughafen 118
Folk Festival 104
Folklore 104
Fremdenverkehrsamt 124

G
Galerien 86, 108
Gastronomie 106
Geld 122
Geografie 109
Geologie 109
Geschichte 112
Getränke 106
Gewichte 126
Gezeiteninsel 26, 41
Gezeitenkraftwerke 110
Gills Bay 119
Gin 107
Girocard 123, 128
Glimps Holm 56
Gloup, The 26
Golf 100
Gow, John 77
Grabungsstätte Ness of Brodgar 37
Graemsay 50
Grant, Walter Gordon 68
Groatie House 20
Grobust Bay 83

H
Hall of Clestrain 47
Hamnavoe 28
Handy 130
Hatston Pier 120
Heart of Neolithic Orkney 33
Heimatmuseum (Eday) 76
Heimatmuseum (Hoy) 50
Heimatmuseum (Kirkwall) 20
Heimatmuseum (North Ronaldsay) 91
Heimatmuseum (Papa Westray) 87
Heimatmuseum (Sanday) 78
Heimatmuseum (Shapinsay) 64
Heimatmuseum (South Ronaldsay) 59
Heimatmuseum (Stromness) 29
Heimatmuseum (Stronsay) 73
Heimatmuseum (Westray) 81
Henge 35
Heringsboom 115
High Street 17
HMS Hampshire 40
HMS Royal Oak 56
Hobbister 48
Hochmoorhügel 48
Hochseefischen 95
Hole o'Rowe 100
Homosexuelle 125
Hostels 131
Hotels 131
Hoxa Beach 59
Hoxa Head 96
Hoxa Tapestry Gallery 60
Hoy 50
Hoy Heritage Centre 50
Hunda Island 58

I
Informationsquellen 124
Infostellen 124
International Science Festival 105
Internet 125
Island Hopping 64
Isthmus of Eday 76
Italian Chapel 57

J
Jarle 46, 113
John O'Groats 119
Jungsteinzeit 112
Juweliere 108

K
Kammergräber 37, 38, 45, 51, 61, 68, 79, 112
Kartensperrung 128
Kelp 87, 115
Kettletoft 78
Kinder 127
Kirbister, Vat of 73
Kirbuster Farm Museum 40
Kirkjuvágr 16
Kirk, The (Galerie) 24
Kirkwall 16
Kirkwall Pier 16
Kitchener, Lord 40
Klima 134
Klimawandel 109
Knap of Howar 87
Knowe of Swandro 70
Knowe of Yarso 68
Krankenhaus 126
Kreditkarte 123, 128
Kreuzfahrtschiff 120
Kunsthandwerk 75, 86, 108

L
Ladesäulen 121
Lady Kirk 82
Lady Village 78
Lage 13
Lairo Water 65
Lamb Holm 56
Landkarten 124
Lebensmittelgeschäfte 108
Leitungswasser 107
Lesben 125
Leuchtturm Birsay 42
Leuchtturm Cantick Head 54
Leuchtturm Noup Head 84
Leuchtturm Rose Ness 27
Leuchtturm South Ronaldsay 91
LGBT+ 125
Liddle Burnt Mound 61
Lighthouse Visitor Centre und Café (South Ronaldsay) 91

Linga Holm 73
Links of Noltland 83
Literaturtipps 125
Loch of Bordhouse 40
Loch of Harray 33
Loch of Stenness 33
Loch of St Tredwell 88
Loganair 118
Lokale 107
Longhope Lifeboat Museum 53
Lyness Royal Naval Cemetery 53
Lyness Wartime Trail 53

M
Maeshowe 37
Maestro-Karte 123, 128
Magnus, hl. 18
Mainland 15
Margarete von Bergen 60
Margarete von Dänemark 114
Martello Tower 54
Marwick Head Kitchener Memorial 40
Maße 126
Medien 124
Medikamente 127
Medizinische Versorgung 126
Megalithanlagen 34
Midhowe Broch 69
Midhowe Chambered Cairn 68
Mietwagen 121
Mill Bay 74
Mill Dam Nature Reserve 65
Moaness Pier 50
Mull Head Nature Reserve 26, 98

N
Nachtleben 24
Natur 109
Neolithikum 112
Ness Battery 30
Ness of Brodgar, Grabungsstätte 37
Ness of Ork 66
Noltland Castle 82
Nordlicht 90, 109
North Isles 63
North Ronaldsay 88
North Ronaldsay Bird Observatory 91
North Ronaldsay Lighthouse 91
North-Ronaldsay-Schafe 89
North Ronaldsay Sheep Festival 104
Norwegian Constitution Day 104
Notfälle 128
Notruf 128
Noup Head 84
Noup Head Lighthouse 84

O
Observatorium (North Ronaldsay) 91
Öffnungszeiten 128
Old Beacon 91
Old Man of Hoy 51
Ölterminal 50
Orcas 12, 26, 111
Orkney Blues Festival 105
Orkney County Show 105
Orkney Creative Trail 108
Orkney Ferries 133
Orkney Folk Festival 104
Orkney Fossil and Heritage Centre 58
Orkneyinga Saga 113
Orkneyinga Saga Centre 46
Orkney Inter-Island Service 118
Orkney International Science Festival 105
Orkney Museum 20
Orkney Pride 125
Orkney Storytelling Festival 105
Orkney Traditional Music Project 104
Orkney Venus 81
Orphir 45
Otterswick Bay 79
Ouse, The 65

P
Papageientaucher 73, 83
Papa Stronsay 73
Papa Westray 87
Paulsson, Håkon 46
Peedie Sea 16
Pentland Ferry 119
Pentland Firth 9
Pflanzenwelt 110
Pfund Sterling 123
Pier Arts Centre 28
Pierowall 81
Pikten 41, 114
Pilgerweg 97
Point of Ness 30, 99
Polarlicht 90, 109
Politik 13
Polizei 128
Post 129
Preisniveau 124
Publikationen 124

Q
Quoygrew 84
Quoyness Chambered Cairn 79

R
Rackwick Bay 52
Radfahren 101
Rae, John 47
Regatta Weekend (Westray) 105
Reisezeit 134
Rendall 43
Restaurants 107
Riding of the Marches 105
Ring of Brodgar 36
Roaming 130
Rose Ness Lighthouse 27

Rothiesholm Sand 74
Rousay 66
Rundkirche 46
Rundtürme 112
Runen-Inschriften 37, 38

S
Saga, Orkneyinga 113
Sanday 78
Sanday Heritage Centre 78
Sandi Sand 25
Sands of Evie 43
Sands of Wright 59
Scapa Beach 20
Scapa Flow 11, 115
Scapa Flow Visitor Centre and Museum 52
Schafe 89
Schmuck 108
Schnorcheln 95
Schwimmbad 94
Schwule 125
Scrabster 119
Sea Kayaking 95
Seehunde 76, 79, 81, 94, 111
Seetang 115
Selbstversenkung der Kaiserlichen Hochseeflotte 53
Selbstversorger 108
Shapinsay 64
Sheep Festival, North Ronaldsay 104
Shopping 108
Silvester 106
Skaill House 35
Skara Brae 33, 99
Smiddy Museum 59
South Isles 49
South Ronaldsay 58
South Walls 50
Spartipps 123
Speisen 106
Sperrnotruf 128
Sprache 129
Sprachhilfe 136
Stagecoach (Bus) 132
Standing Stones of Stenness 35
St Boniface Kirk 88
St Catherine's Bay 74
Steinkreise 35, 36
Stenness, Standing Stones of 35
Sternenbeobachtung 90
Stewart, Robert 40
St John's Hill 73
St Magnus Cathedral 17
St Magnus Church, Birsay 41
St Magnus Church, Egilsay 70
St Magnus International Festival 104
St Magnus Way 97
St Margaret's Hope 59
St Ola 16
St Peter's Pool 25
Strände 94
Strickwaren 91
Stromness 28
Stromness Museum 29
Stromness Shopping Week 104
Stromspannung 122
Stronsay 72
Stronsay Craft Trail 75
Stronsay Pop Up Heritage Centre 73
St Tredwell's Chapel 88
Supermärkte 108
Surfen 96
Swandro, Knowe of 70

T
Tagesrundfahrten 64
Tankerness House 20
Taracliff Bay 25
Tauchen 95
Taxi 133
Telefonieren 130
Tempolimit 121
The Ayre 53
The Ba' 106
The Gloup 26
The Kelp Store Heritage and Arts Centre 87
The Kirk Gallery & Café 24
The Ouse 65
Thingstätte 17, 25
Thorfinn der Mächtige 113
Thurso 119
Tierwelt 110
Tingwall 43
Toilette 133
Tomb of the Otters 61
Touren 130
Tourismus 13
Touristeninformation 124
Tresness 79
Trinken 106
Trinkgeld 107
Trinkwasser 107
Trumland House Gardens 67

U
Uhrzeit 131
UNESCO-Weltkulturerbe 112
Unstan Chambered Cairn 38
Unstan Ware 38
Unterkunft 131

V
Vat of Kirbister 73
Vegetarier 107
Veranstaltungen 104
Verhaltenstipps 131
Verkehrsmittel 132
Verwaltung 13
Victoria Street 29
Village Shops 108
Vogelbeobachtung 102
Vogelfelsen 83
Vogel-Observatorium (North Ronaldsay) 91
Vogelschutzgebiet 48, 84, 65
Vorwahlen 8, 130

W
Währung 123
Wale 12, 26, 81
Wandern 96
Ward Hill 50
Wasser 107
Wassermühle 39, 40
Wassersport 94
Watt, William Graham 35
Waulkmill Bay 48
Webites 124
Wechselkurs 122
Wellenkraftanlage 100
Wellenreiten 96
Weltkulturerbe 112
West Coast Walk 99
West Mainland 28
West Mainland Agricultural Show 105
Westray 81
Westray Heritage Centre 81
Westray Regatta Weekend 105
Westray Wife 81
Wetter 134
Whisky 107
Whitehall 72
Whitemill Bay 79
Wikinger 9, 114
Wikingerburg 71
Wikinger-Graffiti 37
Wikingermuseum 46
Wikingersiedlung 26, 84
Wirtschaft 13
Wishart, Sylvia 29
WLAN 125
Wracktauchen 95
Wyre 66

Y
Yarso, Knowe of 68
Yesnaby 32
Yesnaby Castle 33

Z
Zahlungsmittel 123
Zahnarzt 127
Zeit 131
Zugvögel 111

Orkney mit PC, Smartphone & Co.

QR-Code auf dem Umschlag scannen oder **www.reise-know-how.de/inseltrip/orkney22** eingeben und die **kostenlose Web-App** aufrufen (Internetverbindung zur Nutzung nötig)!

★**Anzeige der Lage und Satellitenansicht aller** beschriebenen Sehenswürdigkeiten und weiteren Orte
★**Routenführung** vom aktuellen Standort zum gewünschten Ziel
★**Exakter Verlauf** der empfohlenen Wanderungen
★**Audiotrainer** der wichtigsten Wörter und Redewendungen
★**Updates** nach Redaktionsschluss

GPS-Daten zum Download

Die GPS-Daten aller Ortsmarken und Wanderungen können hier geladen werden: www.reise-know-how.de, dann das Buch aufrufen und zur Rubrik „Datenservice" scrollen.

Inselplan für mobile Geräte

Um den Inselplan auf Smartphones und Tablets zu nutzen, empfehlen wir die App „Avenza Maps" der Firma Avenza™. Über die Funktion „Store" kann die „Islandmap Orkney 2022" kostenlos geladen werden.

Zeichenerklärung

❶	Sehenswürdigkeit
[D7]	Verweis auf Planquadrat im Insel-Faltplan
	Archäologische Stätte
	Bergwerk
▲	Erhebung, Gipfel
	Fort, Schloss, Kirchenruine
	Flugplatz
	Golfplatz
	Hafen
	Kirche, Kapelle
	Leuchtturm
	Rundblick
	(Schiffs-) Wrack
★	Sehenswürdigkeit
	Strand
	Tauchspot
	Turm
	UNESCO-Weltkulturerbestätte
	Wanderungen 1 bis 3 (s. S. 96)
■	Unterkünfte
■	Essen und Trinken
■	Einkaufen, Sonstiges
■	Nachtleben
■	Aktiv
★★★	nicht verpassen
★★	besonders sehenswert
★	wichtig für speziell interessierte Besucher

Aktiv
2 Orkney Golf Club
10 Northerly Marine Services
35 Cycle Orkney

Einkaufen/Sonstiges
1 Drive Orkney
3 Orkney Ferries Booking Office
14 The Orkney Distillery & Visitor Centre
17 The Brig Larder
18 Orkney Car Hire
19 Orkney Disability Forum
21 Kirkwall Police Station
22 Kirkwall Post Office
23 Donaldson's of Orkney
24 Kirkwall Busbahnhof
25 Kirkwall iCentre
26 Boots
27 The Orcadian Bookshop
28 The Pickaquoy Centre
30 Aurora Jewellery
32 The Longship
34 Judith Glue
37 Orkney Tweed
38 Tesco Superstore
40 Lidl
41 Sutherlands Pharmacy

Essen und Trinken
6 The Bay Takeaway
11 Hotelbar des St Ola Hotel
13 Harbour Fry
20 Trenabies
29 Argo's Bakery (1)
31 Café Lolz
36 The Daily Scoop
39 Lucano

Nachtleben
4 The Standing Room Gin Bar
7 Torvaugh
12 Helgi's

Übernachtung
5 The Shore Hotel
8 The Kirkwall Hotel
9 The Ayre Hotel
15 Orkney Caravan Park
16 The Albert Hotel
33 Broad Street Garden Appartments
42 Kingston Self Catering